CÓMO SER UN EXPLORADOR DEL MUNDO

MUSEO DE ~~ARTE~~ VIDA PORTÁTIL

KERI SMITH

PAIDÓS

Obra editada en colaboración con Editorial Planeta – España

Título original: *How To Be An Explorer Of The World*

Publicado por acuerdo con Penguin Books, un sello editorial de Penguin Publishing Group, una división de Penguin Random House LLC

© 2008, Keri Smith
Todos los derechos reservados

© 2019, Traducción: Remedios Diéguez Diéguez

© 2019, Editorial Planeta S.A.- Barcelona, España

© 2020, Ediciones Culturales Paidós, S.A. de C.V.
Bajo el sello editorial PAIDÓS M.R.
Avenida Presidente Masarik núm. 111,
Piso 2, Polanco V Sección, Miguel Hidalgo
C.P. 11560, Ciudad de México
www.planetadelibros.com.mx
www.paidos.com.mx

Primera edición impresa en España: junio de 2019
ISBN: 978-84-493-3596-9

Primera edición impresa en México: diciembre de 2020
ISBN: 978-607-569-018-6

Impreso en los talleres de Impresora Tauro, S.A. de C.V.
Av. Año de Juárez 343, Col. Granjas San Antonio,
Iztapalapa, C.P. 09070, Ciudad de México
Impreso y hecho en México / Printed in Mexico

SUMARIO

EHI PASSIKO*

NO DEJAREMOS DE EXPLORAR,
Y EL FIN DE NUESTRA EXPLORACIÓN
SERÁ ENCONTRAR EL PUNTO DE PARTIDA
Y CONOCER EL LUGAR POR PRIMERA VEZ.

— T.S. ELIOT, "CUATRO CUARTETOS"

CÓMO UTILIZAR ESTE LIBRO

1. LÉELO EN EL ORDEN QUE QUIERAS. UTILIZA LA SECCIÓN DEDICADA AL TRABAJO DE CAMPO, AL FINAL DEL LIBRO, PARA REGISTRAR Y DOCUMENTAR TUS HALLAZGOS.

2. TODOS LOS EJERCICIOS ESTÁN ABIERTOS A LA INTERPRETACIÓN PERSONAL.

3. AÑADE, MODIFICA O IGNORA LO QUE QUIERAS.

4. NO HAY REGLAS, SOLO SON SUGERENCIAS.

5. TÓMATELO TODO COMO SI FUERA UN EXPERIMENTO.

6. EMPIEZA CON AQUELLO QUE TE PROVOQUE UNA PUNZADA DE ENTUSIASMO.

MUCHAS VECES, EN LAS GRIETAS SE OCULTAN COSAS INTERESANTES. ⟶

NOTA DE LA AUTORA: NINGUNA DE LAS IDEAS DE ESTE LIBRO ES NUEVA. MUCHAS SE HAN ROBADO, TOMADO PRESTADAS, ALTERADO Y HURTADO A GRANDES PENSADORES Y ARTISTAS DE NUESTRO TIEMPO. HE INTENTADO CITAR TODAS LAS FUENTES (LAS QUE CONOZCO) DE ESAS IDEAS EN LA BIBLIOGRAFÍA, ADEMÁS DE AÑADIR CITAS EN CADA SECCIÓN PARA QUE TE ANIMES A LEER MÁS SOBRE UN TEMA DETERMINADO. GRAN PARTE DE LA INFORMACIÓN QUE CONTIENE ESTE LIBRO LA ADQUIRÍ LEYENDO ESAS OBRAS. SIN EMBARGO, EL AUTÉNTICO APRENDIZAJE DE ESOS MÉTODOS SE PRODUCE (EN PALABRAS DE ANAÏS NIN) "EN MEDIO DE LA VIDA".

ESTE LIBRO COMENZÓ CON UNA
LISTA QUE ESCRIBÍ UNA NOCHE
QUE NO PODÍA DORMIR...

ESTAS IDEAS REPRESENTAN UNA
ACUMULACIÓN DE COSAS QUE HE
APRENDIDO DE DIFERENTES MAESTROS Y
ARTISTAS A LO LARGO DE LOS AÑOS,
Y QUE SE HAN CONVERTIDO EN LA BASE
DE MI PROPIA EXPLORACIÓN.
SE ME OCURRIERON TODAS DE GOLPE...

CÓMO SER UN EXPLORADOR
DEL MUNDO

1. OBSÉRVALO TODO.

   (PERCIBE EL SUELO BAJO TUS PIES.)

2. PIENSA QUE TODO TIENE VIDA.

3. TODO ES INTERESANTE.

   OBSERVA MÁS DE CERCA.

4. CAMBIA TU TRAYECTO A MENUDO.

5. OBSERVA DURANTE MUCHO RATO.
   (Y TAMBIÉN POCO).

6. PERCIBE LAS HISTORIAS QUE SE DESARROLLAN A TU ALREDEDOR.

7. OBSERVA PATRONES, ESTABLECE CONEXIONES.

8. DOCUMENTA TUS HALLAZGOS (NOTAS DE CAMPO) DE DIFERENTES MANERAS.

9. INCORPORA LA INDETERMINACIÓN.

10. OBSERVA EL MOVIMIENTO.

11. CREA UN DIÁLOGO PERSONAL CON TU ENTORNO. HABLA CON ÉL.

12. RASTREA EL ORIGEN DE LAS COSAS.

13. UTILIZA TODOS TUS SENTIDOS EN TUS INVESTIGACIONES.

DESPUÉS DE LEER LA LISTA VARIAS VECES,
SE ME OCURRIÓ QUE ...

LOS ARTISTAS Y LOS CIENTÍFICOS ANALIZAN
EL MUNDO QUE LES RODEA DE MANERAS
SORPRENDENTEMENTE PARECIDAS.

OBSERVA
COLECCIONA
ANALIZA
COMPARA
PERCIBE
PATRONES

7

CUANDO OBSERVO CON ATENCIÓN EL TRABAJO DE
MIS ARTISTAS Y DISEÑADORES FAVORITOS, VEO
QUE TODOS TIENEN UNA COSA EN COMÚN ...:
TODOS SON COLECCIONISTAS.

ESA TENDENCIA A COLECCIONAR
Y DOCUMENTAR ES SIMILAR AL
TRABAJO DE UN ETNÓGRAFO.

ETNOGRAFÍA. F. DOCUMENTACIÓN
Y ANÁLISIS DE UNA CULTURA DETERMINADA
MEDIANTE LA INVESTIGACIÓN DE CAMPO.

TODO ES INTERESANTE

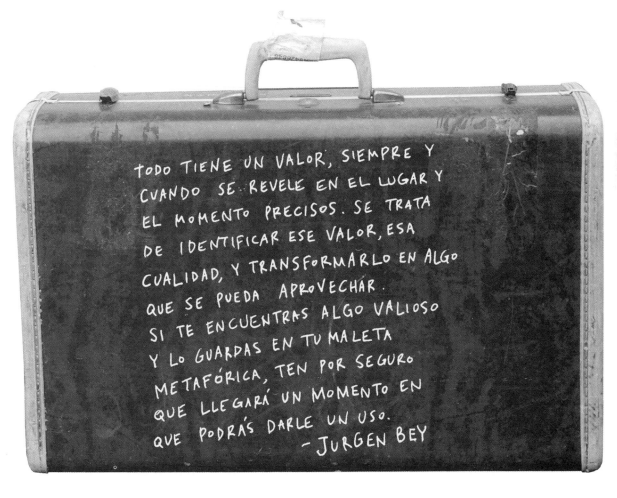

TODO TIENE UN VALOR, SIEMPRE Y
CUANDO SE REVELE EN EL LUGAR Y
EL MOMENTO PRECISOS. SE TRATA
DE IDENTIFICAR ESE VALOR, ESA
CUALIDAD, Y TRANSFORMARLO EN ALGO
QUE SE PUEDA APROVECHAR.
SI TE ENCUENTRAS ALGO VALIOSO
Y LO GUARDAS EN TU MALETA
METAFÓRICA, TEN POR SEGURO
QUE LLEGARÁ UN MOMENTO EN
QUE PODRÁS DARLE UN USO.
— JURGEN BEY

Y ESO NOS LLEVA A...

(PROCÉDASE CON CURIOSIDAD.)

ERES UN EXPLORADOR.

TU MISIÓN CONSISTE EN DOCUMENTAR
Y OBSERVAR EL MUNDO QUE
TE RODEA COMO SI NO LO
HUBIESES VISTO NUNCA.
TOMA NOTAS. COLECCIONA
COSAS QUE ENCUENTRES EN TUS
VIAJES. DOCUMENTA TUS
HALLAZGOS. BUSCA PATRONES. COPIA.
CALCA. CÉNTRATE EN LAS COSAS DE
UNA EN UNA. REGISTRA AQUELLO
QUE TE LLAME LA ATENCIÓN.

HAZLO ALLÍ DONDE ESTÉS (EN CUALQUIER MOMENTO, EN EL SUPERMERCADO, DE CAMINO AL TRABAJO, EN LA COLA DEL BANCO O INCLUSO SI ESTÁS EN LA CAMA, ENFERMO). NO TIENES QUE VIAJAR A LUGARES LEJANOS (AUNQUE ES POSIBLE QUE DECIDAS HACERLO EN ALGÚN MOMENTO DURANTE TUS AVENTURAS). Y TAMPOCO NECESITAS MUCHO TIEMPO.

SI QUIERES, PIENSA QUE ESTE LIBRO ES TU MALETA METAFÓRICA. UN LUGAR PARA RECOPILAR Y DOCUMENTAR TUS HALLAZGOS. ¿CÓMO LO VES? TAMBIÉN ES UN MUSEO. TU MUSEO PARTICULAR, AQUEL QUE ALBERGARÁ TU VISIÓN PERSONAL DEL MUNDO.

SERÁ DISTINTO A CUALQUIER OTRO MUSEO DEL MUNDO PORQUE TÚ ERES ÚNICO. PUEDES AMPLIARLO EN CUALQUIER MOMENTO; PUEDES TOCAR TODAS LAS COSAS QUE CONTIENE. TODO LO QUE HAY EN EL MUSEO ES GRATIS. Y LO MEJOR DE TODO: ES PORTÁTIL. PERFECTO PARA LLEVÁRTELO EN TUS VIAJES. (PUEDES MONTAR EXPOSICIONES ESPONTÁNEAS ALLÁ DONDE ESTÉS.) VENDE ENTRADAS (O NO). VA CAMBIANDO A MEDIDA QUE TU PERCEPCIÓN DEL MUNDO CAMBIA. PUEDES VISITAR TU MUSEO SIEMPRE QUE NECESITES IDEAS (O CUANDO QUIERAS REVISAR ESAS IDEAS QUE TE RONDAN).

IMPORTANTE

LEE ESTO SOLO SI ACEPTAS

LA MISIÓN.

LAS SIGUIENTES PÁGINAS INCLUYEN
DIVERSAS INSTRUCCIONES Y TAREAS
QUE TE AYUDARÁN EN TUS DESPLAZAMIENTOS.
TAMBIÉN HAY UNA SECCIÓN SOBRE UTENSILIOS
Y TÉCNICAS QUE TE AYUDARÁN CON LOS
MÉTODOS DE DOCUMENTACIÓN.
PUEDES UTILIZAR LAS HOJAS DE TRABAJO
INCLUIDAS O CREAR LAS TUYAS.
RECUERDA: ¡LOS UTENSILIOS MÁS
IMPORTANTES LOS TIENES EN TU
CUERPO! UTILÍZALOS. RECOPILA LA
MAYOR CANTIDAD POSIBLE DE DATOS,
PODRÍAN RESULTARTE ÚTILES MÁS
TARDE. BUENA SUERTE EN TU VIAJE.

POR DÓNDE EMPEZAR (ALLÍ DONDE NOS SINTAMOS CÓMODOS VIVIENDO LAS PREGUNTAS).

EN MI ESCRITORIO TENGO UN PEQUEÑO CUENCO JAPONÉS CON CRISTALES MARINOS. PUEDO PASARME HORAS SACANDO LAS PIEZAS Y EXAMINÁNDOLAS. CLASIFICÁNDOLAS, COLOCÁNDOLAS, AGRUPÁNDOLAS POR TAMAÑO, FORMA Y COLOR. SUJETANDO CADA CRISTAL CON LA MANO Y NOTANDO LAS SUPERFICIES. EXAMINANDO SUS CUALIDADES ÚNICAS, SUS MARCAS, SUS GRIETAS, SUS HISTORIAS, SUJETÁNDOLOS BAJO LA LUZ, INTENTANDO VER A TRAVÉS DE ELLOS.

ESTE TIENE UN HUECO QUE ENCAJA PERFECTAMENTE EN MI PULGAR. ESTE TIENE UN TOQUE MUY LIGERO DE AZUL TURQUESA. ESTE CONSERVA PARTE DE LA FORMA DE LA BOTELLA DE LA QUE PROCEDE. IMAGINO CÓMO ACABARON TODAS ESAS PIEZAS EN EL MAR. ¿EN QUÉ VIAJE SE HAN VISTO ENVUELTAS? ¿CUÁNTAS MANOS LAS HAN TOCADO ANTES DE LAS MÍAS? ¿CUÁNTOS SONIDOS PUEDO HACER CON ELLAS? ¿TIENEN SABOR? HAY COSAS ACERCA DE ELLAS QUE NUNCA SABRÉ, PERO TAMBIÉN HAY OTRAS QUE PUEDO DESCUBRIR. DESARROLLO MI PERICIA A MEDIDA QUE AVANZO. Y ENTIENDO QUE TODO SE BASA EN MIS OBSERVACIONES PERSONALES.

NO EXISTE UN MODO "CORRECTO" DE ENTENDER LAS COSAS. (AUNQUE EL MUNDO QUIERE QUE CREAMOS QUE ES ASÍ, NO ES CIERTO.)

LA RAÍZ INDOEUROPEA DE LA PALABRA "ARTE" SIGNIFICA "COLOCAR" O "ENCAJAR". ASÍ, EL ARTE SE PUEDE REDUCIR A SU FORMA MÁS SIMPLE. EMPEZAMOS COLECCIONANDO, DESPUÉS JUGAMOS CON LOS MATERIALES O LOS OBJETOS, LOS ORGANIZAMOS DE DIFERENTES MANERAS, REALIZAMOS COMBINACIONES NUEVAS, PROBAMOS COSAS Y OBSERVAMOS LA DISPOSICIÓN QUE HEMOS HECHO.

15

COLECCIONA OBJETOS QUE TE
GUSTEN Y TE LLAMEN LA
ATENCIÓN POR DIFERENTES
MOTIVOS. ACUÉRDATE TAMBIÉN DE
COLECCIONAR Y ANALIZAR COSAS
QUE TE PAREZCAN INSIGNIFICANTES
O IRRELEVANTES AL PRINCIPIO. LOS VUELCOS
Y LOS GIROS DEL PROCESO CREATIVO
NOS LLEVAN DE REGRESO A UN ENCUENTRO
IMPORTANTE QUE AL PRINCIPIO
PARECÍA NEUTRO O QUE INCLUSO
TE PROVOCÓ REPULSA O
EXASPERACIÓN.
— MAJA RATKJE

17

MÉTODOS DE INVESTIGACIÓN

NUESTRA PERCEPCIÓN DE LAS COSAS PUEDE CAMBIAR SIMPLEMENTE EN FUNCIÓN DEL ÁNGULO QUE ESCOJAMOS PARA OBSERVARLAS.

UN ÁRBOL CUALQUIERA PARECE MUY DISTINTO SI LO MIRAMOS DESDE MUY LEJOS O DESDE MUY CERCA. VUELVE A CAMBIAR SI DECIDIMOS MIRARLO COMO SI FUERA UNA PALETA CROMÁTICA. A LO MEJOR OPTAS POR ESTUDIARLO EN PARTES SEPARADAS: LAS HOJAS, LA CORTEZA, LOS PATRONES DE CRECIMIENTO, LAS RAÍCES. TAMBIÉN PODRÍAS DECIDIR ANALIZAR EL ROL DE UN ÁRBOL EN UNA COMUNIDAD (COMO PUNTO DE ENCUENTRO), O POR LAS ANÉCDOTAS QUE ENCIERRA: ¿QUÉ HISTORIAS PODRÍAN CONTAR LAS PERSONAS QUE VIVEN CERCA DE ÉL? ¿QUIÉN LO PLANTÓ? ¿QUÉ SONIDOS EMITE? ¿CÓMO ES EL ESPACIO QUE LO RODEA? ¿DE QUÉ SE COMPONE? ¿CÓMO CAMBIA EL ÁRBOL DE ASPECTO A LO LARGO DE UN DÍA? ¿Y DE UN AÑO?

LA CREATIVIDAD SURGE DE NUESTRA CAPACIDAD
DE VER LAS COSAS DESDE MUCHOS ÁNGULOS DISTINTOS.

MANERAS DE VER

LA SIGUIENTE LISTA INCLUYE ALGUNOS DE LOS
MÉTODOS QUE PODEMOS UTILIZAR EN NUESTRAS
INVESTIGACIONES. PODEMOS OPTAR POR VER LAS COSAS
DE DIFERENTES MANERAS EN CUALQUIER MOMENTO.
ESTA ES UNA LISTA PARCIAL. PUEDES AÑADIR LO QUE
QUIERAS A MEDIDA QUE
VAYAS INVESTIGANDO.

VISTA, SONIDO, OLOR, TACTO, GUSTO, MOVIMIENTO,
FORMA, TEXTURA, FUNCIÓN, SÍMBOLO, LENGUAJE
(DEFINICIÓN, PALABRAS) SUBJETIVAMENTE, OBJETIVAMENTE,
COMPARACIÓN, CONTRASTE, ESPACIO NEGATIVO,
SIMÉTRICAMENTE, COLOR, POR PARTES, ANECDÓTICAMENTE
(COMO UNA HISTORIA) HISTÓRICAMENTE, ARTÍSTICAMENTE,
CIENTÍFICAMENTE, MORALMENTE, DIACRÓNICAMENTE (A
TRAVÉS DEL TIEMPO) SINCRÓNICAMENTE (EN UN PUNTO EN
EL TIEMPO) METAFÍSICAMENTE, CONTEXTUALMENTE,
CULTURALMENTE, POLÍTICAMENTE, DE MANERA
RITUAL, ESTÉTICAMENTE, MICRO, MACRO,
MÚLTIPLES, INDIVIDUAL, 2D, 3D,
DISTRAÍDAMENTE, COMO UN MITO,
DIRECCIONALMENTE, LINEALMENTE, COMO UN
HABITAT, COMO UN
DISPOSITIVO, ALEGREMENTE,
COMO UNA SEÑAL.

19

DOCUMENTAR Y COLECCIONAR MÉTODOS Y HERRAMIENTAS

PARA SER UN EXPLORADOR NO NECESITAS MATERIALES SOFISTICADOS. TODOS LOS EJERCICIOS DE ESTE LIBRO SE PUEDEN REALIZAR CON LO QUE TENGAS A MANO (BASTAN UN LÁPIZ Y EL LIBRO). A MEDIDA QUE AVANCES, ES POSIBLE QUE DESEES EXPLORAR MÉTODOS MÁS PRECISOS EN FUNCIÓN DE LO QUE TENGAS A TU ALCANCE. HE AQUÍ UNA LISTA BREVE DE MÉTODOS (PUEDES AMPLIARLA A MEDIDA QUE DESCUBRAS MÉTODOS NUEVOS):

MÉTODOS SENCILLOS: ESCRIBIR, ABOCETAR, COLECCIONAR OBJETOS, FROTAR CON UN LÁPIZ, PRESIONAR (OBJETOS PLANOS), CALCAR, RELIEVES (PLASTILINA), TRANSCRIBIR (CONVERSACIONES), IMPRIMIR (UTILIZANDO OBJETOS).

MÁS HERRAMIENTAS (OPCIONALES)

CÁMARA/ FOTOS

PLASTILINA

PINZAS

PEGAMENTO

GUANTES

CELO

UNA BOLSA

GRABADORA, MP3 ORDENADOR, ETC.

VIDEOCÁMARA

LUPA

CUADERNO DE CAMPO PARA TOMAR NOTAS

FECHADOR Y TAMPÓN

NAVAJA

LÁPIZ Y BOLÍGRAFOS

ETIQUETAS

MÉTODOS PARA COLECCIONAR

BOLSAS CON AUTOCIERRE

SOBRES

TARROS DE VIDRIO RECICLADO

CAJAS RECICLADAS

UN DIARIO

ARCHIVADORES

TABLEROS COLGANTES TÁCTILES

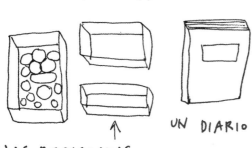

BOTES DE PASTILLAS O DE CARRETES

ALTOIDS LATAS DE CARAMELOS

21

LISTA DE COSAS PARA DOCUMENTAR Y COLECCIONAR

TUS COLECCIONES Y TU INVESTIGACIÓN DEBEN ESTAR COMPUESTAS POR COSAS QUE TE PROVOQUEN REACCIONES. ESTE PROCESO SE BASA EN COLECCIONAR O DOCUMENTAR COSAS QUE EXISTEN EN EL ENTORNO, GRATUITAS. DEBEN SER COSAS AL ALCANCE DE LA MANO O ENCONTRADAS, NO COMPRADAS. UTILIZA ESTA LISTA COMO PUNTO DE PARTIDA PARA COMENZAR TU INVESTIGACIÓN.

LA MENTE CREATIVA JUEGA CON LOS OBJETOS QUE AMA.
-CARL JUNG

ARTÍCULOS DE OFICINA

FIRMAS

PLUMAS

PELOS

COSAS DEL MAR

RAYAS

HOJAS

PALABRAS

RECORTES

HIERBAS

MAPAS

REFLEXIONES

COMIDA

PEGATINAS DE LA FRUTA

IDEAS

LETRAS

COSAS QUE SE PUDREN

OPUESTOS

COSAS PLANAS

COSAS QUE SE DERRITEN

TAZAS DE CAFÉ

COSAS QUE TE SORPRENDEN

REFLEXIONES

MUSGO

COMPORTAMIENTOS INTERESANTES

COSAS REDONDAS

CELO

CONVERSACIONES ESCUCHADAS

INSECTOS MUERTOS

DESEOS

MANCHAS

COSAS PEGAJOSAS

GRIETAS

OLORES

ESPECIAS

PERSONAJES

CERA

HILO

LISTAS

TEXTURAS

PELUSAS

MOHO

SOMBRAS

PEGATINAS

PAPEL

PATRONES DE CRECIMIENTO

VAINAS DE SEMILLAS

RESIDUOS

SUCIEDAD

SEMICÍRCULOS

COSAS DE ÁRBOLES

NÚMEROS

ALAMBRE

CUERDA

AIRE

SUEÑOS

CARAS ENCONTRADAS

COSAS LARGAS Y FINAS

NUDOS

COSAS QUE CUELGAN

SONIDOS

COLORES

CONCHAS

CAPULLOS DE INSECTOS

EMBALAJES

CORREO

AGUA

LÍNEAS DE BOLI

RESIDUOS

AGUJEROS

ARAÑAZOS

COSAS EN LA ACERA

TELA

ARRUGAS

POLVO

DISCULPAS

COSAS ABSURDAS

CUADRÍCULAS

COSAS DE PLÁSTICO

SUELAS DE ZAPATO

PALOS

COSAS DIMINUTAS

MARCAS DE LÁPIZ

FOTOS ENCONTRADAS

IMPRESIONES

COSAS QUE PARECEN OTRAS COSAS

PREGUNTAS

SOBRES DE AZÚCAR

HISTORIAS

FLECHAS

RECIPIENTES

NIDOS

CÓDIGOS DE SEGURIDAD DE SOBRES

GOMAS

COSAS EN EL CIELO

TAPAS DE ALCANTARILLAS

LA VIDA ES UNA BÚSQUEDA DEL TESORO

CONSEJOS PARA EL TRABAJO DE CAMPO

1. NUNCA SALGAS DE CASA SIN UN CUADERNO Y UN BOLI.

2. PARA PRACTICAR LA "OBSERVACIÓN ACTIVA" O LA "ESCUCHA ACTIVA" ES MEJOR TRABAJAR SOLO.

3. RESPETA EL ENTORNO CUANDO EXPLORES. ESTO INCLUYE LA NATURALEZA, LAS PERSONAS Y TODO LO DEMÁS (PROPIEDADES, PÚBLICAS O PRIVADAS).

4. SI ALGUIEN TE PREGUNTA POR TUS ACTIVIDADES, LA RESPUESTA "ESTOY INVESTIGANDO" SUELE SER SUFICIENTE PARA LOS ENTROMETIDOS.

5. ESPERA LO INESPERADO (Y LO ENCONTRARÁS).

CUALQUIER COSA PUEDE SER UN PUNTO DE PARTIDA.

EMPIEZA DONDE ESTÉS.

¿DEMASIADO AMBIGUO? MUY BIEN, PASA A LA PÁGINA SIGUIENTE.

27

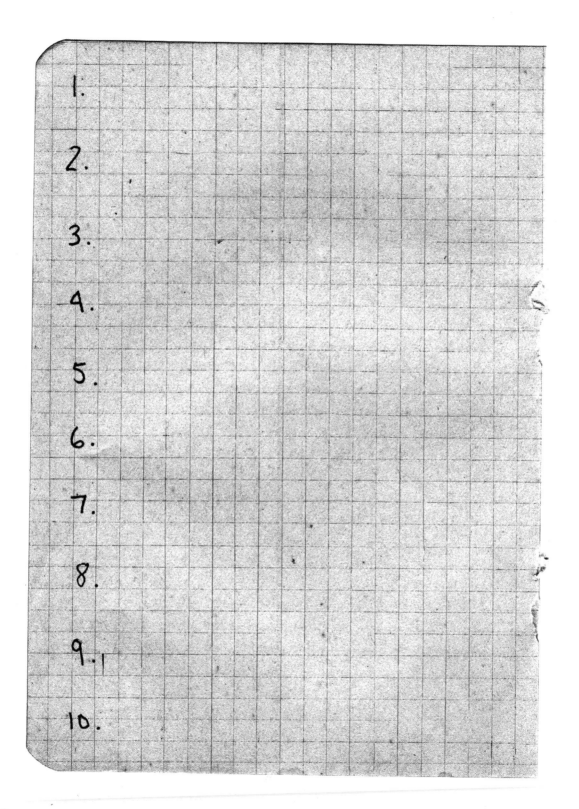

1.

2.

3.

4.

5.

6.

7.

8.

9. 1

10.

28

JUSTO DONDE ESTÁS SENTADO

ESCRIBE DIEZ COSAS ACERCA DEL LUGAR DONDE ESTÁS SENTADO AHORA MISMO Y QUE NO HABÍAS OBSERVADO CUANDO TE SENTASTE. APLICA TUS SENTIDOS. HAZLO RÁPIDO. NO TE CENSURES. VALE, EMPIEZA.

LOS ASPECTOS DE LAS COSAS MÁS IMPORTANTES PARA NOSOTROS ESTÁN OCULTOS DEBIDO A SU SIMPLICIDAD Y SU FAMILIARIDAD. (SOMOS INCAPACES DE PERCIBIR ALGO PORQUE SIEMPRE LO TENEMOS DELANTE.)
— LUDWIG WITTGENSTEIN

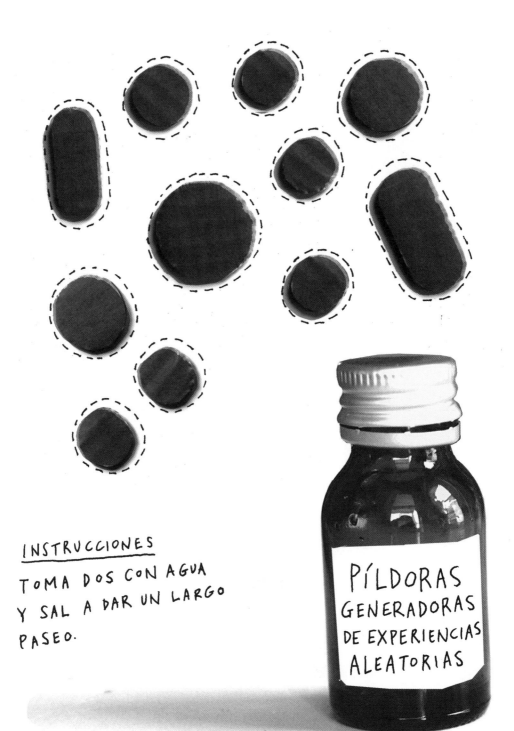

INSTRUCCIONES

TOMA DOS CON AGUA
Y SAL A DAR UN LARGO
PASEO.

PÍLDORAS
GENERADORAS
DE EXPERIENCIAS
ALEATORIAS

RECOPILACIÓN DE EXPERIENCIAS

UTILIZA LOS "REGISTROS DE EXPERIENCIAS" QUE ENCONTRARÁS AL FINAL DEL LIBRO. REDACTA UNA LISTA DE COSAS QUE OBSERVES DURANTE TUS DESPLAZAMIENTOS O MIENTRAS SE DESARROLLAN LAS EXPERIENCIAS QUE TENGAS. PUEDEN SER NOTAS MUY BREVES QUE INCLUYAN LA UBICACIÓN, LA HORA, LA FECHA, ETCÉTERA.

CADA EXPERIENCIA ES IRREPETIBLE.
—ITALO CALVINO

LUZ

RECOPILA OBJETOS EN FUNCIÓN
DE CÓMO REFLEJAN LA LUZ.
ANOTA SUS DIFERENTES CUALIDADES:
POR EJEMPLO, REFLECTANTE, TRANSLÚCIDO,
REFRACTANTE, MOTEADO, ETC. (INTENTA
RECOPILAR TREINTA OBJETOS.)

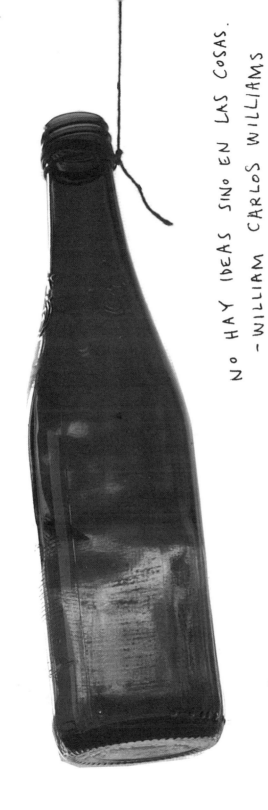

NO HAY IDEAS SINO EN LAS COSAS.
- WILLIAM CARLOS WILLIAMS

EXPLORACIÓN N.° 3

ALTERNATIVA: VISIÓN DE LA LUZ
EMPIEZA A PRESTAR ATENCIÓN
A LOS PATRONES DE LUZ, LOS
REFLEJOS Y LAS PROYECCIONES.
PIENSA QUE ESTÁN POR TODAS
PARTES. DOCUMÉNTALOS.

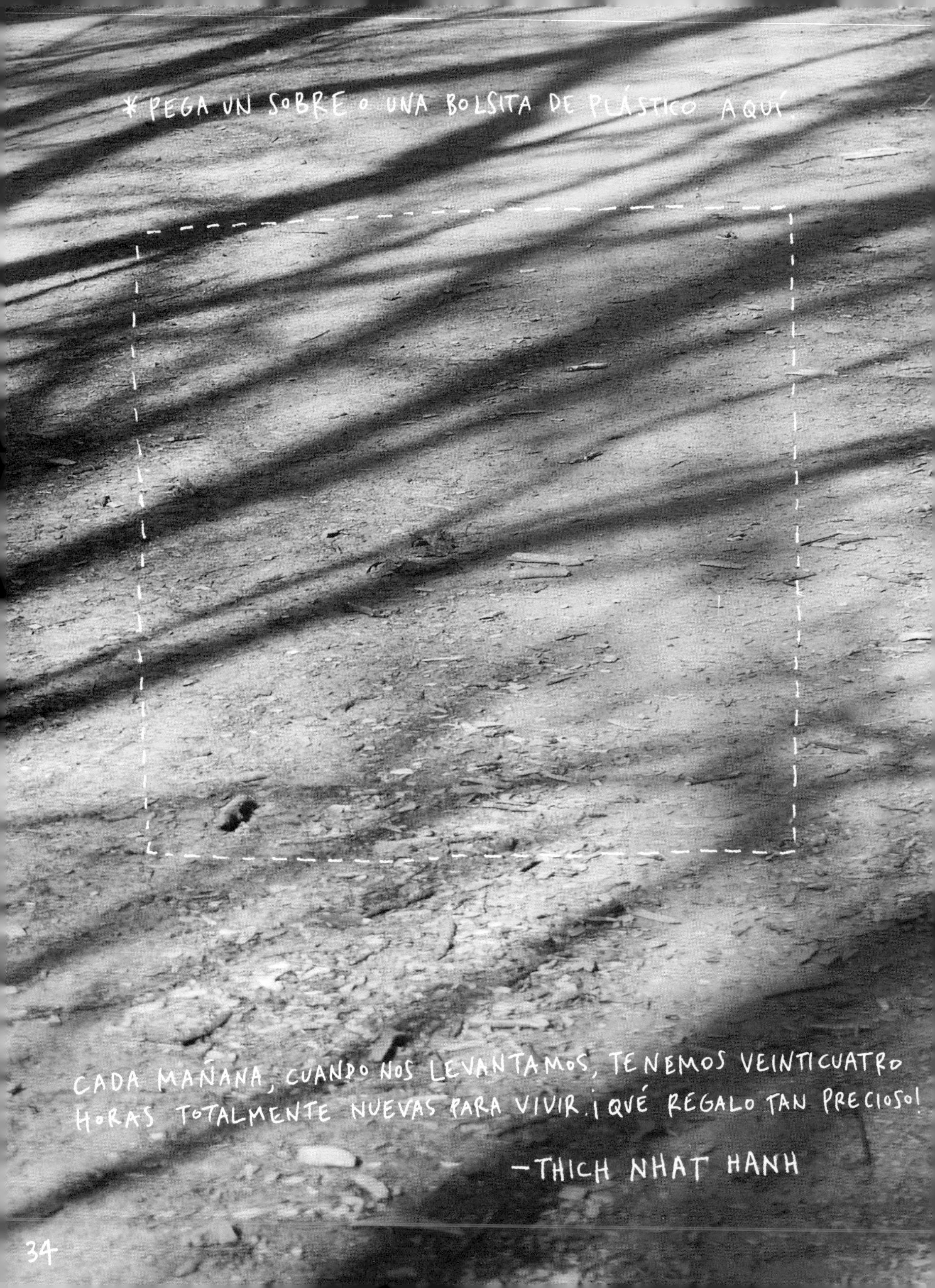

* PEGA UN SOBRE O UNA BOLSITA DE PLÁSTICO AQUÍ.

CADA MAÑANA, CUANDO NOS LEVANTAMOS, TENEMOS VEINTICUATRO HORAS TOTALMENTE NUEVAS PARA VIVIR. ¡QUÉ REGALO TAN PRECIOSO!

—THICH NHAT HANH

34

PASEO DIARIO

RECOPILA OBJETOS CADA DÍA DE
CAMINO AL TRABAJO O AL COLEGIO.
(INTENTA ACUMULAR TREINTA.)

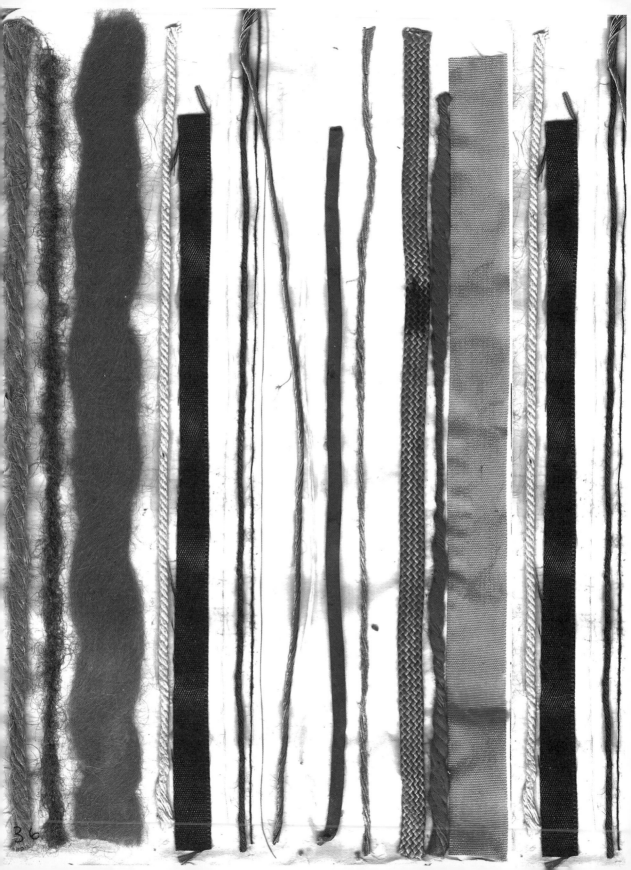

36

LO PRIMERO QUE VEAS

EMPIEZA UNA COLECCIÓN BASADA EN EL PRIMER OBJETO QUE ENCUENTRES EN TU CAMINO, SEA LO QUE SEA. TÚ DECIDES CUÁL SERÁ LA CONEXIÓN ENTRE LOS OBJETOS (FORMA, COLOR, TAMAÑO, ETCÉTERA).

COSAS PARA ATAR

EL ESCULTOR HENRY MOORE COLECCIONABA HUESOS, PIEDRAS NEGRAS, MADERA DE DERIVA, CONCHAS, GUIJARROS, VÉRTEBRAS DE BALLENA Y OTROS OBJETOS ENCONTRADOS. UTILIZABA TODAS ESAS COSAS COMO LA FUENTE DE SU TRABAJO, ADEMÁS DE EMPLEARLAS COMO ESCULTURAS NATURALES.

EN UNA PELÍCULA DE IBM, DE LA DÉCADA
DE 1960, ACERCA DEL ORDENADOR, SE
HALLA UNA BUENA DESCRIPCIÓN DEL PROCESO
CREATIVO...

EL NARRADOR AFIRMA QUE EL ARTISTA NUNCA
SE ABURRE. LO OBSERVA Y LO GUARDA TODO.
NO RECHAZA NADA, NO CUESTIONA NADA.
CUANDO SE TOPA CON UN PROBLEMA,
REPASA TODO LO QUE HA COLECCIONADO,
ORDENA LO QUE LE PARECE ÚTIL EN
ESA SITUACIÓN Y LO RELACIONA DE
UN MODO NUEVO, LLEGANDO ASÍ A
UNA NUEVA SOLUCIÓN. SE PREPARA
PARA LOS SALTOS ACEPTÁNDOLO
TODO.

—CORITA KENT

OBJETO: COCINA DE JUGUETE*

MATERIALES: CARTÓN, CELO, TAPONES
DE PLÁSTICO, CINTA AISLANTE
*ORIGINAL FABRICADO CON MADERA POR MI ABUELO
EN TORNO A 1972

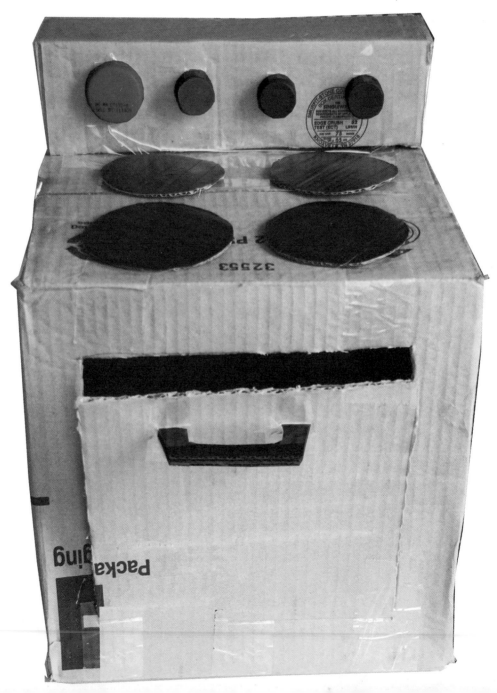

40

EXCAVACIÓN ARQUEOLÓGICA

RECOPILA OBJETOS RELACIONADOS CON TU INFANCIA O QUE TE INSPIREN RECUERDOS. ESCRIBE UNA BREVE HISTORIA PARA CADA OBJETO.

ALTERNATIVA: RECREA OBJETOS DE TU INFANCIA CON COSAS ENCONTRADAS O MATERIALES A TU ALCANCE (POR EJEMPLO, CARTÓN, PEGAMENTO, CUERDA, CELO, HOJAS, MADERA O PIEDRAS). SI TE APETECE, RECREA TU HABITACIÓN DE LA INFANCIA EN MINIATURA UTILIZANDO MATERIALES ENCONTRADOS.

JUGAR CON LA ESCALA Y LOS MATERIALES DE LOS OBJETOS PUEDE TRANSFORMAR SU SIGNIFICADO DE MANERAS INTERESANTES Y LLEVAR LAS COSAS AL REINO DE LA IMAGINACIÓN. CUANDO VEMOS ALGO QUE ES DIFERENTE A COMO ESPERÁBAMOS, NOS VEMOS OBLIGADOS A DESARROLLAR UNA NUEVA RELACIÓN CON ESO QUE VEMOS, UNA RELACIÓN QUE NOS LLEVA A CUESTIONARNOS "LO QUE PENSAMOS QUE SABEMOS" O "LO QUE VEMOS", AL TIEMPO QUE AÑADIMOS UN ELEMENTO LÚDICO. PRUEBA A JUGAR CON DIFERENTES MATERIALES PARA VER CÓMO SE ALTERA EL SIGNIFICADO.

41

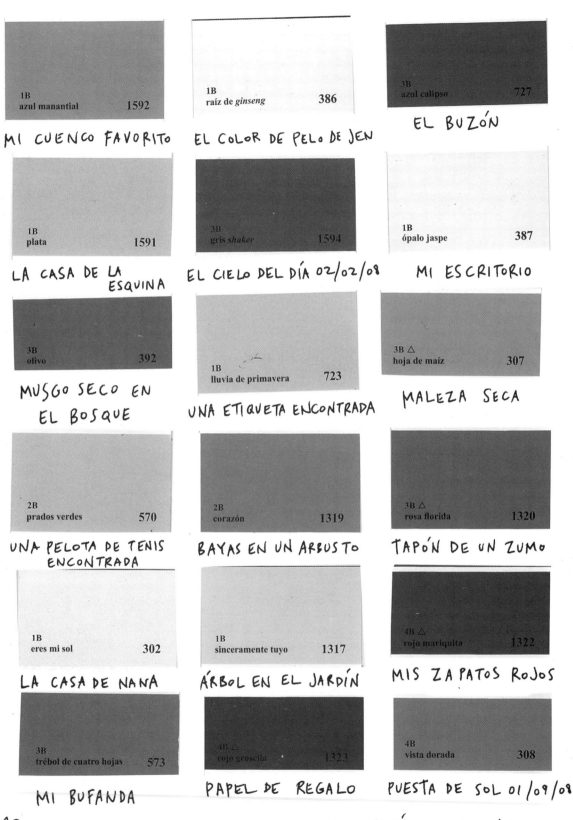

1B azul manantial 1592	1B raíz de *ginseng* 386	3B azul calipso 727
MI CUENCO FAVORITO	EL COLOR DE PELO DE JEN	EL BUZÓN
1B plata 1591	3B gris *shaker* 1594	1B ópalo jaspe 387
LA CASA DE LA ESQUINA	EL CIELO DEL DÍA 02/02/08	MI ESCRITORIO
3B olivo 392	1B lluvia de primavera 723	3B △ hoja de maíz 307
MUSGO SECO EN EL BOSQUE	UNA ETIQUETA ENCONTRADA	MALEZA SECA
2B prados verdes 570	2B corazón 1319	3B △ rosa florida 1320
UNA PELOTA DE TENIS ENCONTRADA	BAYAS EN UN ARBUSTO	TAPÓN DE UN ZUMO
1B eres mi sol 302	1B sinceramente tuyo 1317	4B △ rojo mariquita 1322
LA CASA DE NANA	ÁRBOL EN EL JARDÍN	MIS ZAPATOS ROJOS
3B trébol de cuatro hojas 573	4B △ rojo grosella 1323	4B vista dorada 308
MI BUFANDA	PAPEL DE REGALO	PUESTA DE SOL 01/09/08

✳ MUESTRAS DE COLOR POR CORTESÍA DE BENJAMIN MOORE

UN MUNDO DE COLOR

RECOPILA MUESTRAS DE PINTURA DE ALGUNA TIENDA ESPECIALIZADA. BUSCA COLORES QUE TE HAGAN REACCIONAR EN TU DÍA A DÍA. INTENTA EMPAREJARLOS CON LAS MUESTRAS. (TAMBIÉN PUEDES COMBINAR LOS COLORES UTILIZANDO UN KIT DE PINTURA PORTÁTIL.) TOMA NOTAS SOBRE LOS LUGARES DONDE VEAS LOS COLORES.

ALTERNATIVA: DOCUMENTA COLORES DE TUS LIBROS FAVORITOS, TUS SUEÑOS, TUS RECUERDOS...

GRIETAS

DIBUJA MAPAS DE LAS GRIETAS DEL PAVIMENTO DE TU BARRIO.

TODOS SABEMOS QUE CUANDO EMPEZAMOS A PRESTAR ATENCIÓN A ALGO EN LO QUE NUNCA NOS HABÍAMOS FIJADO REALMENTE, LO VEMOS POR <u>TODAS PARTES</u>. AL FINAL COMENZAMOS A SENTIR QUE ESO ESTÁ AHÍ PARA ENCONTRARNOS, Y NO AL REVÉS.

45

CAJA DE COSAS MUY PEQUEÑAS

ALFABETO ENCONTRADO

langosta de goma

CAJA QUE ANTES SERVÍA PARA GUARDAR PLUMAS

RANA

PIEDRA LISA

CUENTAS MARRONES

CARRETE

ANILLA DE LATA AZUL

CONCHA CON FORMA DE SOMBRERO

TORNILLO CON OJAL

LA PINZA MÁS PEQUEÑA DEL MUNDO

TROZO DE TIZA (BLANCA).

CUERDA GRIS

DEDAL DE LATÓN

DOS BOTONES, UNO MARRÓN Y UNO AZUL

CAJA DE CURIOSIDADES

RECOPILA OBJETOS QUE NO ENTIENDAS
O NO SEPAS PARA QUÉ SIRVEN.

ALTERNATIVA: <u>MUSEO EN MINIATURA</u>

RECOPILA SOLO OBJETOS MUY PEQUEÑOS.
GUÁRDALOS EN UNA LATA DE CARAMELOS
O UNA CAJA PEQUEÑA.

MI SUEÑO CONSISTE EN CAMINAR POR EL MUNDO. UNA MOCHILA PEQUEÑA, TODO LO NECESARIO BIEN COLOCADO. UNA CÁMARA. UN CUADERNO. UN KIT DE PINTURA. UN SOMBRERO. UN BUEN CALZADO. NO QUIERO LIDIAR CON MONTAÑAS DE INFARTO NI RECORRER TIERRAS ARRASADAS POR LA GUERRA, SOLO UN PASEO AGRADABLE POR MONTES Y VALLES. AHORA VOY A TODAS PARTES CAMINANDO EN LA CIUDAD. EN CUALQUIER CIUDAD. VES TODO LO QUE NECESITAS PARA UNA VIDA.
—MAIRA KALMAN

47

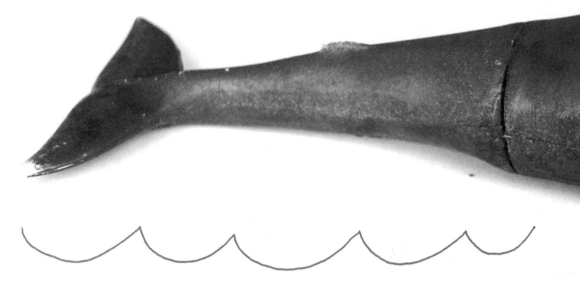

EXPLORACIÓN N.º 10

UNA COSA

ELIGE UN OBJETO COTIDIANO. PUEDE SER ALGO QUE
ENCUENTRES EN LA CALLE O QUE YA TENGAS.
OBSERVA LA MITAD SUPERIOR DEL OBJETO DURANTE
QUINCE MINUTOS. ANOTA TODO LO QUE VEAS, HASTA EL
MÁS MÍNIMO DETALLE. A CONTINUACIÓN, HAZ
LO MISMO CON LA MITAD INFERIOR. CUANTO
MÁS TIEMPO OBSERVES, MÁS COSAS VERÁS.

* BALLENA SUCIA DE BARRO ENCONTRADA EN LA CALLE

SI ALGO TE ABURRE A LOS DOS MINUTOS, PRUEBA DURANTE CUATRO. SI AÚN TE ABURRE, PRUEBA DURANTE OCHO MINUTOS. LUEGO DURANTE DIECISÉIS. Y DESPUÉS, DURANTE TREINTA Y DOS. AL FINAL UNO DESCUBRE QUE NO ERA ABURRIDO EN ABSOLUTO. — JOHN CAGE

49

50

DIFERENCIAS

RECOPILA MUCHAS PIEZAS DE UNA MISMA COSA (POR EJEMPLO, HOJAS, PIEDRAS, CONCHAS, SEMILLAS, ETC.). COLÓCALAS DELANTE DE TI. OBSÉRVALAS CON ATENCIÓN. ANOTA EN EL "REGISTRO DE OBJETOS" LAS DIFERENCIAS QUE PERCIBAS. TRATA DE DOCUMENTAR AL MENOS VEINTICINCO COSAS.

LA IMAGINACIÓN NECESITA REMOLONEAR: UN TIEMPO DE OCIO, JUEGO Y TONTEO DILATADO, IMPRODUCTIVO Y PLACENTERO.

      — BRENDA UELAND

LAS GAFAS DE LA PERCEPCIÓN AUMENTADA*

* MODELO DELUXE
ALTERA LA PERCEPCIÓN DEL USUARIO
Y PERMITE DETECTAR DETALLES "NUNCA
VISTOS" DE LA VIDA COTIDIANA.

MATERIALES: CARTÓN, CINTA AISLANTE,
ALAMBRE, TUBO DE PLÁSTICO ENCONTRADO,
CINTA DE EMBALAR, ACETATO ENCONTRADO.

* LAS GAFAS SE PUEDEN FABRICAR CON CUALQUIER
TIPO DE MATERIALES ENCONTRADOS. NO SE
NECESITAN HABILIDADES ESPECIALES. EL DISEÑO
SE ADAPTARÁ A LAS NECESIDADES Y LOS GUSTOS
PERSONALES.

CINCUENTA COSAS

ANOTA (O DOCUMENTA) CINCUENTA COSAS SOBRE UNA DE LAS SIGUIENTES ACTIVIDADES: UNA VISITA A LA BIBLIOTECA, UNA VISITA AL SUPERMERCADO, UN PASEO POR TU BARRIO.

ANTES DE QUE LA FAMILIARIDAD SE CONVIERTA EN CONCIENCIA, LO FAMILIAR DEBE SER DESPOJADO DE SU FALTA DE NOTORIEDAD. DEBEMOS DEJAR DE ASUMIR QUE EL OBJETO EN CUESTIÓN NO NECESITA EXPLICACIÓN. POR MUY RECURRENTE, MODESTO O VULGAR QUE SEA, PASARÁ A SER ETIQUETADO COMO ALGO INUSUAL.

— BERTOLT BRECHT

NO PARKING
FOR 219 RIVER ST. ONLY!
VIOLATORS WILL BE
TOWED AT OWNER'S EXPENSE

REFRESHMENTS

KING  VENETIAN BLIND AND DRAPERY INC.

MANUFACTURERS

NO PARKING LOADING ZONE

TROY TYPEWRITER & SUP

COLECCIONAR TIPOS DE LETRAS

DOCUMENTA LOS TIPOS DE LETRAS QUE TE VAYAS ENCONTRANDO. ANOTA DÓNDE Y CUÁNDO ENCUENTRAS LAS MUESTRAS.

MAPA DE SONIDOS

SIÉNTATE EN UN LUGAR CUALQUIERA DURANTE UNA HORA. DOCUMENTA TODOS LOS SONIDOS QUE PERCIBAS Y LAS VECES QUE LOS ESCUCHES. SEÑALA EN UN MAPA LA UBICACIÓN APROXIMADA DE LOS SONIDOS CON RESPECTO A TI.

TÚ

COSAS QUE HE
CONSUMIDO HOY
(QUE HE UTILIZADO O COMIDO)

HUEVO

TOSTADA
CON MIEL
Y MANTEQUILLA

TÉ

REGALIZ
NEGRO

INFUSIÓN DE
JENGIBRE
CON MIEL
Y LIMÓN

CHIPS
CON SALSA

VITAMINAS

KIWI

AGUA CON
GAS x 2

MEDIO
POMELO

ENSALADA VERDE

APROX. 30
PIEZAS DE
PAPEL HIGIÉNICO

AGUA
VARIOS
VASOS

VASO
PEQUEÑO DE
LECHE DE
CÁÑAMO

PASTA DE
DIENTES x 3

QUESO Y
GALLETAS SALADAS

1 COPA DE PINOT
NOIR CARTLIDGE
& BROWNE

RESTOS DE PIZZA GRIEGA

AGUA PARA
1 DUCHA
(10 MIN) VARIAS
TIRADAS DE CADENA
Y 2 FREGADEROS
PARA LOS PLATOS

1 PALITO
DE INCIENSO

1 DOSIS
DE LOCIÓN
CORPORAL

1 CERILLA

PORCIÓN
PEQUEÑA DE,
JABÓN

VARIAS HOJAS
DE PAPEL (EN
MI DIARIO)

PEGAMENTO
(POCA
CANTIDAD)

ACEITE DE OLIVA
PARA CALENTAR TACOS

UN TROZO DE
CUERDA

H2O

VARIOS
TAMPONES

TORTILLAS DE MAÍZ

YOGUR

JALAPEÑO SALSA

"TERNERA"
PICADA

CHIPS

QUESO
CEBOLLA
LECHUGA

TOMATES

CILANTRO

DOS TACOS

BURTS BEES

ELECTRICIDAD
PARA LA LUZ
Y LA
COCINA

DISH
SOAP

UNA PEQUEÑA
CANTIDAD DE
DETERGENTE
PARA
LAVAR
PLATOS

GAS
NATURAL
PARA
CALENTAR
LA CASA

TINTA
PARA
DIBUJAR
ESTO

BÁLSAMO
LABIAL (CON
COLOR) 1 APLICACIÓN

GASOLINA PARA
UN TRAYECTO
DE 10 MINUTOS

UNA
RACIÓN DE
HELADO DE
TARTA DE
QUESO

DESODORANTE
(1 APLICACIÓN)

ACONDICIONADOR
(1 APLICACIÓN)

1 BOLSA DE PLÁSTICO
(PARA LA CACA DE
PERRO) RECICLADA

ZUMO DE
MANZANA

EXPLORACIÓN N.° 15

CONSUMIDOR

REGISTRA TODO LO QUE CONSUMAS
O COMPRES EN UN DÍA / UNA
SEMANA.

FUENTE: KATE BINGAMAN-BURT

1. SI UNA NOCHE DE INVIERNO UN VIAJERO

2. WALT WHITMAN

3. TELETRANSPORTE

4. HUEVOS PASADOS POR AGUA

5. TIERRA MOJADA

1. ¿CUÁL ES TU LIBRO FAVORITO? 2. ¿CON QUIÉN TE GUSTARÍA CENAR? 3. ¿QUÉ SUPERPODER TE GUSTARÍA TENER? 4. ¿QUÉ COMERÍAS CADA DÍA? 5. ¿CUÁL ES TU OLOR FAVORITO?

ENCUESTA

CREA UNA ENCUESTA SENCILLA
CON AL MENOS CINCO PREGUNTAS.
HÁZSELA A VARIAS PERSONAS.
DOCUMENTA LAS RESPUESTAS
DE MANERA QUE RESULTE
INTERESANTE Y LEGIBLE
(POR EJEMPLO, COMO UN GRÁFICO,
UNA HOJA DE CÁLCULO O UN PICTOGRAMA).

ESCULTURA INSTANTÁNEA

PIENSA QUE TODO LO QUE TE RODEA ES UNA FUENTE PARA CREAR UNA ESCULTURA. PRUEBA A CREAR PIEZAS RÁPIDAS CON LO QUE TENGAS A MANO EN ESTE MOMENTO.

EL MÁS SÓRDIDO DE LOS REFUGIOS, EL RINCÓN, MERECE SER EXAMINADO .

— GASTON BACHELARD

64

ESTRUCTURA

DOCUMENTA PARTE DE UN EDIFICIO(S) QUE LA MAYORÍA DE LA GENTE IGNORA (POR EJEMPLO, LOS TECHOS, LOS CUARTOS DE BAÑO, LOS RINCONES LOS ARMARIOS Y LOS CAJONES). PRESTA ATENCIÓN A LOS LUGARES OCULTOS ALTERNATIVA: DOCUMENTA LOS RINCONES DE TU CASA.

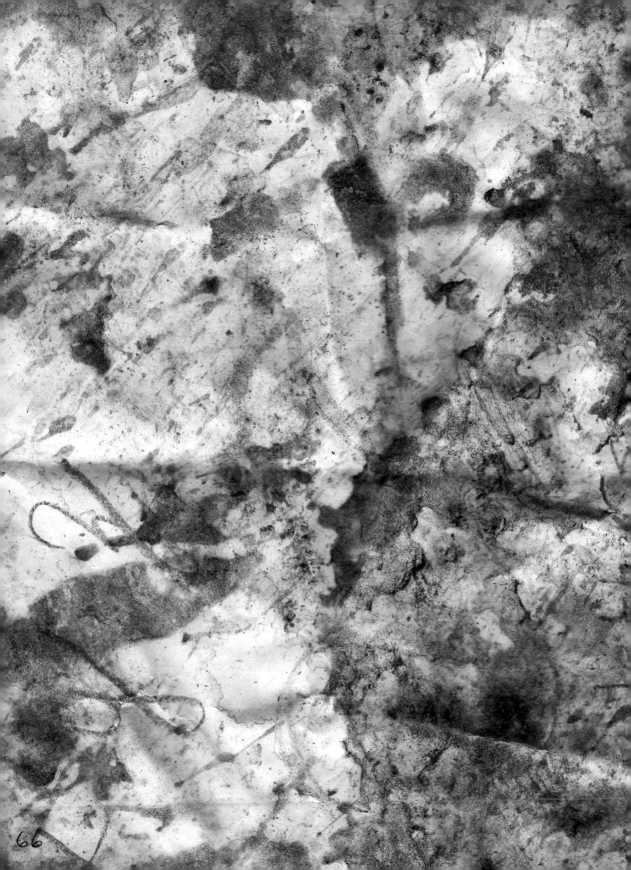

66

PINTURA "ENCONTRADA"

DURANTE TUS DESPLAZAMIENTOS, BUSCA TODO
LO QUE PUEDA SERVIRTE COMO PIGMENTO.
(AÑADIENDO AGUA SI ES NECESARIO).
ALGUNOS EJEMPLOS: BAYAS CHAFADAS, BARRO
(DIFERENTES TIPOS DE SUCIEDAD),
HOJAS MACHACADAS, ESPECIAS.

ALTERNATIVA: DOCUMENTA UNA EXPERIENCIA
UTILIZANDO MANCHAS.

* COLECCIÓN DE COSAS INUSUALES

SOPA DE GUISANTE PARA CENA

IDEA

PARA UN TEMA: PIEZAS COMBINADAS DE MANERA ALEATORIA.

incorporar la casualidad

EMPIEZO A TENER HAMBRE
TENGO QUE ACABAR...

¿COLECCIÓN DE ARTE CREADO

¿CÓMO CREAR NADA?

POR ACCIDENTE.

UN LIBRO CREADO CON / A PARTIR DE CINCO

LIBROS ALEATORIOS DE LA **BIBLIOTECA**

ALGUNOS CON CUBIERTAS AZULES. BUSCAR ALGO INTERESANTE.

EL COLOR VERDE

ESTOY OBSESIONADA CON ÉL.

Tú demuestras lo que tienes en la cabeza, la gente podría pensar que estás loco.

QUIÉN ES

1. CARÁTULA DE CD PARA C.O.
2. PÁGINA WEB PARA D.E.D.
3. NUEVO BOCETO PARA **OTVS**.
4. ESTUDIAR

UN VERDE SATURADO E INTENSO COM
EL DE MIS LÁPICES

PEQUEÑOS PENSAMIENTOS

REDACTA UNA LISTA DE PEQUEÑOS PENSAMIENTOS
AGRADABLES QUE HAYAS TENIDO DURANTE LA SEMANA
(POR EJEMPLO, ¿QUÉ ESTABAS PENSANDO JUSTO AHORA?).

TU CALLE FAVORITA

VE A TU CALLE FAVORITA (SI NO PUEDES
IR FÍSICAMENTE, VISÍTALA MENTALMENTE).
DIBUJA UN PLANO DE LA CALLE EN UN PAPEL.
A CONTINUACIÓN DESCRIBE CON DETALLE
(O DOCUMENTA) TODO LO QUE CONTIENE:
LAS TIENDAS, LAS CASAS, LAS SEÑALES,
LOS ÁRBOLES, ETCÉTERA.

71

(BASADO EN "LA RUE VILIN", DE GEORGES PEREC)

OBSERVACIÓN
DE PERSONAS

SIÉNTATE EN UN LUGAR PÚBLICO Y DOCUMENTA LAS PERSONAS QUE VEAS DURANTE UNA HORA. TOMA NOTAS DETALLADAS. DIBUJA BOCETOS DE LA CARACTERÍSTICA MÁS DESTACADA DE CADA PERSONA.

ALTERNATIVA: MAPA DE PERSONAS
VISITA UN PARQUE O UN LUGAR PÚBLICO. CREA UN MAPA CODIFICADO POR COLORES SOBRE LA POSICIÓN DE LAS DEMÁS PERSONAS RESPECTO A TI. OBSERVA SU ASPECTO (QUÉ LLEVAN PUESTO).

CÓMO DESCUBRIR UN MISTERIO

1. DEJA QUE EL MISTERIO TE ENCUENTRE (ALGO QUE DESPIERTE TU INTERÉS Y DESATE TU CURIOSIDAD AL MÁXIMO).

2. INVESTIGA. PUEDES HACERLO CON DIFERENTES MEDIOS (BIBLIOTECA, INTERNET, DICCIONARIO, ENTREVISTAS, ETC.). RECOPILA TODA LA INFORMACIÓN QUE PUEDAS SOBRE EL TEMA/ACONTECIMIENTO. REÚNE PISTAS.

3. SIGUE TODAS LAS PISTAS (INFORMACIÓN QUE TE LLEVA A TOMAR NUEVAS DIRECCIONES). CONTACTA CON LAS PERSONAS IMPLICADAS.

4. PARTICIPA DE MANERA DIRECTA EN AQUELLO QUE INVESTIGAS (POR EJEMPLO, ASISTE A UNA CLASE, ESCRIBE A EXPERTOS, ETCÉTERA).

5. REALIZA UNA RECREACIÓN (DE UN OBJETO O UN ACONTECIMIENTO). UTILIZA MAPAS, DIORAMAS, FOTOS, DIAGRAMAS, ETC. OBSERVA LA SITUACIÓN DESDE DIFERENTES ÁNGULOS.

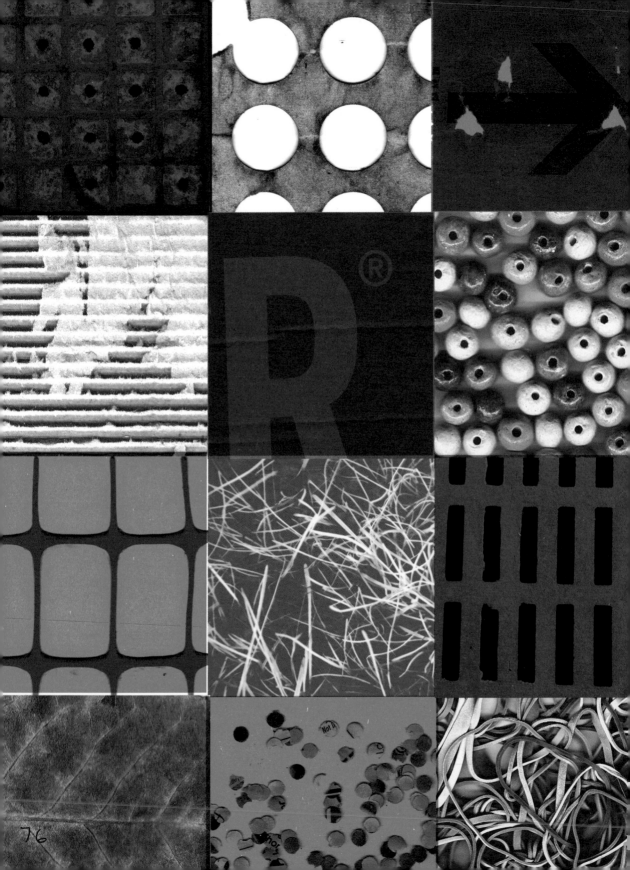

COMBINACIONES

COMBINA GRUPOS DE OBJETOS PARA CREAR CONTRASTE VISUAL O EMOCIONAL. PUEDES PROBAR OBJETOS NATURALES FRENTE A ARTIFICIALES, COLORES CONTRASTANTES, COSAS VIVAS FRENTE A PUTREFACTAS, CLARIDAD FRENTE A OSCURIDAD.

ALTERNATIVA N.° 1: TOMA DOS OBJETOS DISTINTOS Y TRATA DE ESTABLECER EL MAYOR NÚMERO POSIBLE DE CONEXIONES ENTRE ELLOS. ES POSIBLE QUE TENGAS QUE INVESTIGARLOS PARA CONCEBIR MÁS IDEAS.

ALTERNATIVA N.° 2: DESCRIBE CÓMO ES COMBINAR DOS ACTIVIDADES DISTINTAS: POR EJEMPLO, COMER Y LEER, O CAMINAR Y DIBUJAR.
¿CÓMO INFLUYE UNA ACTIVIDAD EN LA OTRA?

AGUA

ESTUDIA Y DOCUMENTA FORMAS CREADAS POR EL AGUA. IDENTIFICA EL MAYOR NÚMERO POSIBLE. INVESTÍGALAS E INVENTA FORMAS NUEVAS.

80

CONVIÉRTETE EN LEONARD COHEN *

DIBUJA O DOCUMENTA COSAS QUE
UTILICES EN TU RUTINA DIARIA.

* EL MÚSICO LEONARD COHEN LO HACÍA
HABITUALMENTE COMO FORMA DE PRÁCTICA
MEDIATIVA.

SIEMPRE ME HAN GUSTADO LAS COSAS,
LAS COSAS SENCILLAS DEL MUNDO.
ME ENCANTA DESCUBRIR LA FORMA
DE LAS COSAS.

— LEONARD COHEN

MARAÑA
DE ALAMBRE
ENCONTRADO

ARTE ACCIDENTAL

SAL A DAR UN PASEO. IDENTIFICA Y DOCUMENTA OBRAS DE "ARTE" QUE ENCUENTRES, PERO NO CREADAS A PROPÓSITO. ALGUNOS EJEMPLOS: MANCHAS EN LA ACERA, PINTURA DERRAMADA, CACA DE PÁJARO, RESIDUOS, CORROSIÓN, ÓXIDO, COSAS DAÑADAS, DISTRIBUCIONES ALEATORIAS DE OBJETOS QUE TE RESULTEN INTERESANTES, UNA BOLSA ENGANCHADA EN UN ÁRBOL.

OBSERVA CON TODOS TUS OJOS, OBSERVA

— JULIO VERNE

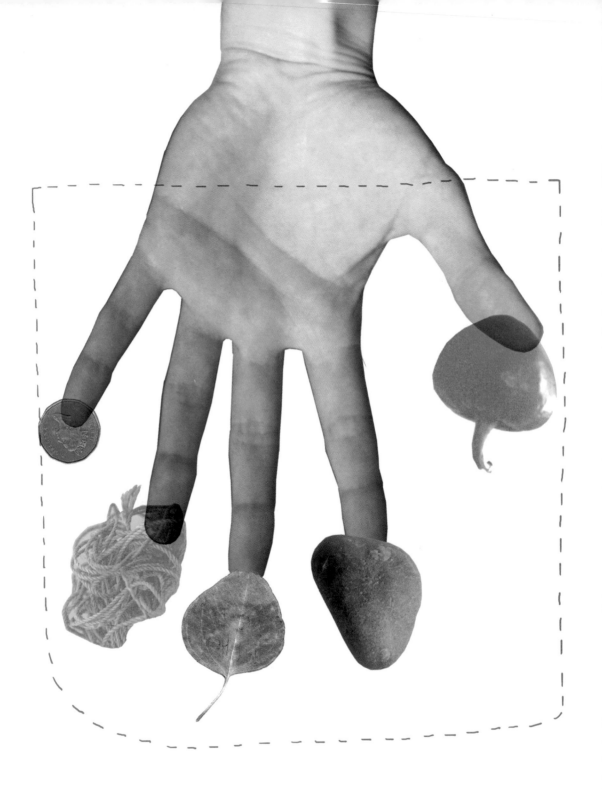

84

OBSERVACIÓN A CIEGAS

GUÁRDATE UN OBJETO O VARIOS EN UN BOLSILLO.
DESCRÍBELOS UTILIZANDO ÚNICAMENTE EL
TACTO. ALTERNATIVA: RECORRE TU
HABITACIÓN A OSCURAS E IDENTIFICA TODOS LOS
OBJETOS MEDIANTE EL TACTO.
DESCRÍBELOS.

TABLEROS TÁCTLES

RECOPILA MATERIALES EN FUNCIÓN DE SU TEXTURA. PÉGALOS EN UNA HOJA DE PAPEL O UN CARTÓN (VÉASE IMAGEN INFERIOR). INVITA A ALGUIEN A QUE ADIVINE LOS MATERIALES POR EL TACTO, CON LOS OJOS CERRADOS.

EXPERIMENTA: TOCA LOS TABLEROS CON DIFERENTES PARTES DEL CUERPO (POR EJEMPLO, UNA MEJILLA O UN CODO). ALTERNATIVA N.° 1: CREA UN MAPA "TÁCTIL" DE UN LUGAR UTILIZANDO TEXTURAS PARA REPRESENTAR LAS DIFERENTES ZONAS O CUALIDADES.

ALTERNATIVA N.° 2: CREA RELIEVES CON PLASTILINA PRESIONANDO EL MATERIAL SOBRE DIFERENTES TEXTURAS QUE ENCUENTRES.

FUENTE: BRUNO MUNARI

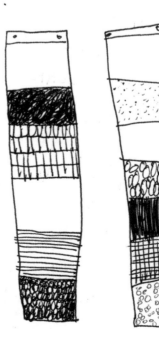

HISTORIAS DE VIAJES

RECOPILA OBJETOS QUE EXPLIQUEN HISTORIAS DE TUS VIAJES. DOCUMENTA DÓNDE ENCONTRASTE CADA OBJETO.

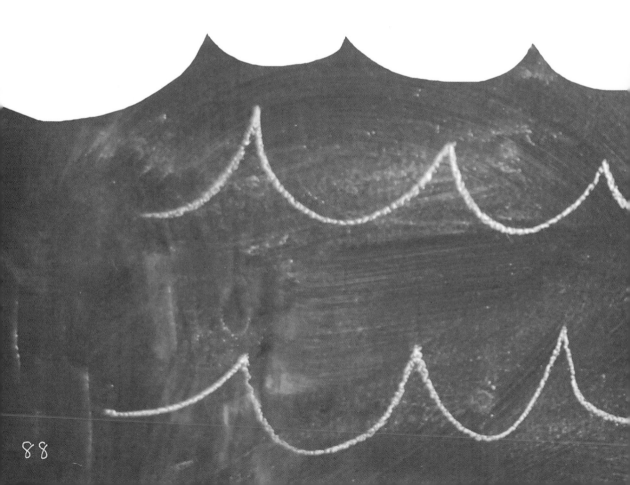

89

ALTERNATIVA Nº 2: ¿ QUÉ TE PARECE CREAR
SONIDOS CON OTROS OBJETOS, COMO
ALIMENTOS? ¿ QUÉ SONIDOS PUEDES HACER
CON FRUTAS Y VERDURAS?

INVESTIGACIÓN: LA ORQUESTA VEGETAL

90

SONIDOS ENCONTRADOS   EXPLORACIÓN N.° 31

RECOPILA OBJETOS BASADOS EN LOS SONIDOS QUE PUEDES EMITIR CON ELLOS (POR EJEMPLO, TUBOS, METAL, PLÁSTICO). SI TE APETECE, EXPERIMENTA AÑADIENDO O COMBINANDO OBJETOS PARA CREAR NUEVOS SONIDOS, O INCORPORA OTROS ELEMENTOS (AGUA, POR EJEMPLO). TEN EN CUENTA QUE EXPERIMENTAMOS EL SONIDO EN TODA LAS PARTES DE NUESTRO CUERPO, NO SOLO EN LOS OÍDOS. (PODEMOS SENTIR LAS VIBRACIONES.)

FUENTE: EVELYN GLENNIE

ALTERNATIVA N.° 1: SAL A INVESTIGAR SONIDOS: ESCUCHA Y DOCUMÉNTALOS.

FUENTE: MAX NEUHAUS

HOY NO HARÉ OTRA COSA QUE **ESCUCHAR**.

ESCUCHO TODOS LOS SONIDOS, CORREN JUNTOS, SE COMBINAN, SE MEZCLAN O SE PERSIGUEN, SONIDOS DE LA CIUDAD Y DEL CAMPO, SONIDOS DEL DÍA Y DE LA NOCHE...

— WALT WHITMAN

91

LICENCIA OFICIAL PARA

CREAR TU PROPIA REALIDAD.

NOMBRE: _____ ____ ____ __

DIRECCIÓN: ____ ____ ____ ___.

EXPERIMENTA DESDE :

_____ ___ __

PEGAR
FOTO
AQUÍ

SELLO
OFICIAL

* RECÓRTALO Y LLÉVALO SIEMPRE CONTIGO.

92

UN MUNDO MÁGICO

RECOPILA OBJETOS POR SU POSIBLE CARÁCTER MÁGICO. ASÍGNALES UNA HISTORIA O CREA UNA FICCIÓN RELACIONADA CON ELLOS.

PIÑA MÁGICA
CUANDO SE PLANTA
CRECE UN ÁRBOL
QUE HACE QUE TODO EL
QUE SE SIENTA A SUS
PIES SE DUERMA
Y TENGA SUEÑOS
LÚCIDOS.

CUANDO TRABAJO CON UN MATERIAL, NO INTENTO ENTENDER SOLAMENTE LA PIEDRA, NO SOLO UN OBJETO AISLADO, SINO LA NATURALEZA COMO UN TODO: CÓMO HA CRECIDO LA HOJA, CÓMO HA CAMBIADO, CÓMO SE HA DETERIORADO, CÓMO AFECTA AL CLIMA. AL TRABAJAR CON UNA HOJA EN SU ENTORNO, EMPIEZO A ENTENDER ESOS PROCESOS.

— ANDY GOLDSWORTHY

COMPOSICIONES

SAL Y RECOPILA CUALQUIER OBJETO QUE ENCUENTRES EN ABUNDANCIA (POR EJEMPLO, HOJAS EN OTOÑO). VUELVE A CASA Y ANALIZA EL MAYOR NÚMERO POSIBLE DE COLOCACIONES Y COMPOSICIONES CON LOS OBJETOS. INTENTA PENSAR EN COSAS QUE NUNCA HABÍAS TENIDO EN CUENTA (POR EJEMPLO, CONSERVARLOS EN HIELO, ADORNAR CUBIERTAS DE LIBROS, CREAR UNA CADENA LARGA QUE ATRAVIESE TU CASA, ETC.). EXPLORA A FONDO EL MATERIAL Y TRATA DE ENTENDERLO, CÓMO FUNCIONA, CÓMO SE VE AFECTADO POR DIVERSOS FACTORES (MOVIMIENTO, HUMEDAD, PESO...). EXPERIMENTA CON COMPOSICIONES QUE PERMITAN INTERACTUAR FÍSICAMENTE AL ESPECTADOR (CREA UN TÚNEL, UNA RED, UNA CASA). PRUEBA A AÑADIR OTROS MATERIALES (AGUA, TIERRA O PINTURA).

BASURA INTERESANTE

RECOPILA RESIDUOS QUE TE RESULTEN
INTERESANTES O SUGERENTES.
DOCUMÉNTALOS DE ALGÚN MODO: CON
BOCETOS, FOTOGRAFÍAS O ESCRITOS.
ANOTA DÓNDE Y CUÁNDO LOS HAS
ENCONTRADO. ALGUNAS COSAS QUE
TENER EN CUENTA: ¿CUÁL ES LA
DIFERENCIA ENTRE LO QUE DECIDIMOS
CONSERVAR Y LO QUE TIRAMOS?
¿LO QUE CONSIDERAMOS "INÚTIL"
ES INSIGNIFICANTE? ¿CÓMO PODEMOS
ENCONTRAR NUEVAS PRESENTACIONES PARA
ESAS COSAS?
FUENTE: CANDY JERNIGAN

LAS HISTORIAS SOBRE LUGARES SON TRANSITORIAS.
SE COMPONEN DE LOS DESECHOS DEL MUNDO.
— MICHEL DE CERTEAU

PORTAL SECRETO

CIUDAD INVISIBLE

UTILIZA TU IMAGINACIÓN
PARA CREAR UN RETRATO DE TU
CIUDAD EN EL QUE TODO LO QUE ENCUENTRES
SEA MÁGICO, EXAGERADO O LIGERAMENTE
DISTINTO A LA REALIDAD. UTILIZA
EL MÉTODO DE DOCUMENTACIÓN
QUE PREFIERAS.

FUENTE: LAS CIUDADES
INVISIBLES, DE ITALO
CALVINO

EXPLORACIÓN N.º 35

99

EXPLORACIÓN N.º 36

LA VERDAD ACERCA DE LOS OBJETOS INANIMADOS

REGISTRA LA VIDA OCULTA DE LOS OBJETOS INANIMADOS QUE VAYAS ENCONTRANDO. ¿QUÉ HACEN CUANDO NO HAY NADIE ALREDEDOR? RASTREA SUS ACTIVIDADES Y SUS INTERACCIONES SOCIALES. ES POSIBLE QUE TENGAS QUE DISFRAZARTE PARA REALIZAR ESTA OPERACIÓN.

FUENTE: SKINNY LEGS AND ALL, DE TOM ROBBINS

EL UNIVERSO ES EL ESPEJO DONDE PODEMOS
CONTEMPLAR SOLO LO QUE HAYAMOS APRENDIDO.
A CONOCER EN NOSOTROS.

-PALOMAR.
DE ITALO CALVINO

102

<u>OBSERVACIÓN DEL TIEMPO</u>

INVENTA VARIAS FORMAS DE DOCUMENTAR
EL PASO DEL TIEMPO BASÁNDOTE EN EL LUGAR
DONDE TE ENCUENTRAS.

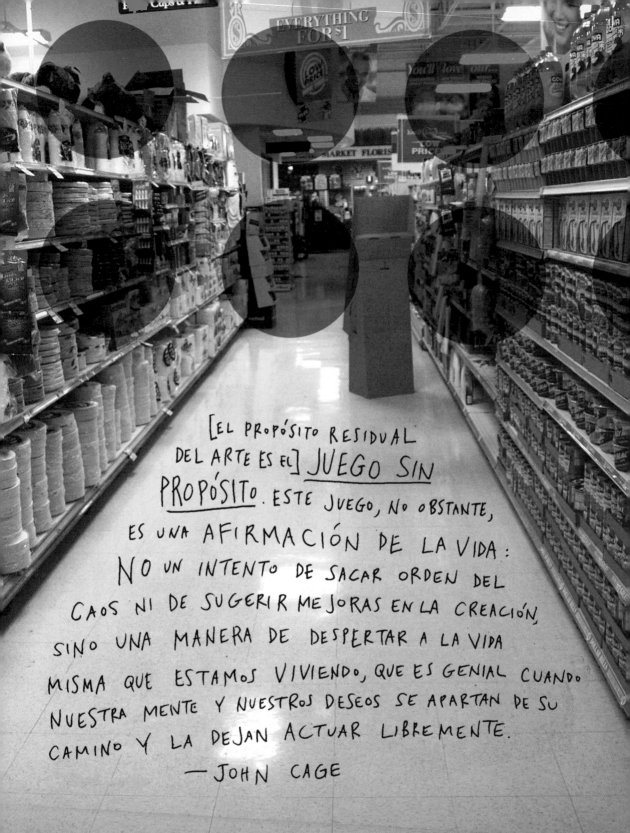

[EL PROPÓSITO RESIDUAL DEL ARTE ES EL] JUEGO SIN PROPÓSITO. ESTE JUEGO, NO OBSTANTE, ES UNA AFIRMACIÓN DE LA VIDA: NO UN INTENTO DE SACAR ORDEN DEL CAOS NI DE SUGERIR MEJORAS EN LA CREACIÓN, SINO UNA MANERA DE DESPERTAR A LA VIDA MISMA QUE ESTAMOS VIVIENDO, QUE ES GENIAL CUANDO NUESTRA MENTE Y NUESTROS DESEOS SE APARTAN DE SU CAMINO Y LA DEJAN ACTUAR LIBREMENTE.

—JOHN CAGE

DE COMPRAS CON
JOHN CAGE

PON EN LA CESTA O EL CARRO PRODUCTOS BASADOS EN LA VARIABLE QUE PREFIERAS (POR EJEMPLO, COLOR, FORMA, TAMAÑO, EMBALAJE, PRODUCTOS QUE NO HAS PROBADO, PRODUCTOS PLANOS, ETC.). NO TIENES QUE COMPRARLOS SI NO QUIERES. DOCUMÉNTALOS DE ALGUNA MANERA.

ALTERNATIVA: REDACTA UNA LISTA DE DIFERENTES ARTÍCULOS (POR EJEMPLO, TODOS LOS TIPOS DE QUESO QUE SE VENDEN EN LA TIENDA). MARCA LO QUE HAYAS PROBADO. DIBUJA UN BOCETO RÁPIDO DE SUS FORMAS.

106

EXPLORACIÓN N.º 39

LA COMIDA COMO ARTE

PREPARA UNA COMIDA PRESTANDO MUCHA ATENCIÓN A TODOS LOS DETALLES. DOCUMENTA EL PROCESO DE ALGUNA MANERA. INCORPORA TODOS LOS SENTIDOS AL PROCESO. COMPARTE LA COMIDA CON ALGUIEN.

SUGERENCIA: UTILIZA EL REGISTRO DE EXPERIENCIAS Y ADOPTA UN ENFOQUE ETNOGRÁFICO (FINGE QUE ES LA PRIMERA VEZ QUE LA PREPARAS).

FUENTE: RIRKRIT TIRAVANIJA

ESTADOS

BUSCA UN MODO DE ALTERAR TU EXPERIENCIA
FÍSICA DEL MUNDO (TUS SENTIDOS)
DURANTE TUS DESPLAZAMIENTOS.
ALGUNOS EJEMPLOS: ENTRECERRAR LOS
OJOS PARA DESDIBUJAR LA VISIÓN, UTILIZAR
GAFAS DE ALGÚN COLOR, CERRAR UN
OJO, LLEVAR TAPONES EN LOS OÍDOS,
COLGARTE BOCA ABAJO DURANTE UNOS
MINUTOS, CAMINAR LO MÁS LENTO POSIBLE
O TAPARTE LA NARIZ MIENTRAS COMES.

DOCUMENTA LA EXPERIENCIA.

ALTERADOS

ANÉCDOTA: EN LA FACULTAD DE ARTE TUVE UN PROFESOR QUE PONÍA BOCA ABAJO TODO LO QUE VEÍA. <u>TODO</u>. ERA COMO SI LO VIESE MEJOR DE AQUELLA MANERA. SI NO PODÍA MOVERLO, SE PONÍA A GATAS Y LO MIRABA DEL REVÉS. A MENUDO NOS OLVIDAMOS DEL CARÁCTER FÍSICO DE LA OBSERVACIÓN, DE CAMBIAR LITERALMENTE NUESTRO PUNTO DE VISTA O PERSPECTIVA.

CARAS ENCONTRADAS

DOCUMENTA LAS CARAS QUE VEAS
EN TUS DESPLAZAMIENTOS. BÚSCALAS EN
PIEZAS DE FONTANERÍA, EN ELEMENTOS
FIJOS (COLGADORES EN PUERTAS), EN LA
NATURALEZA (ÁRBOLES), EN OBJETOS
ARTIFICIALES, EN LAS NUBES, ETCÉTERA.

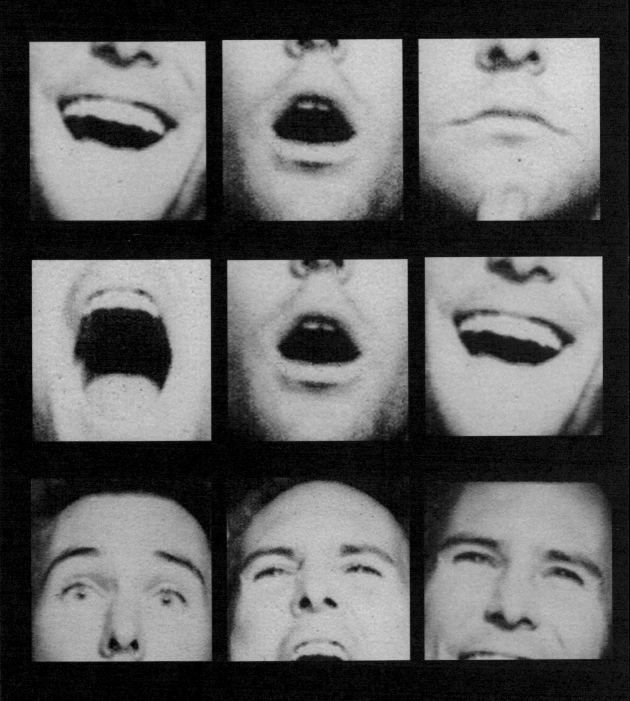

SABIDURÍA POPULAR LOCAL

DOCUMENTA UN LUGAR ENTREVISTANDO A SUS HABITANTES. PUEDES TRANSCRIBIR LAS ENTREVISTAS UTILIZANDO ALGÚN TIPO DE EQUIPO DE GRABACIÓN O RELLENANDO UN REGISTRO DE DOCUMENTACIÓN DE EXPERIENCIAS.

FUENTE : HARRELL FLETCHER

12" BASH wreath

Hioh

20

ist überall der klei-
ne Kavalier der
Französin Yvonne.

114

PAPEL ENCONTRADO*

ALGUNA DE LAS COSAS MÁS FÁCILES DE ENCONTRAR EN EL MUNDO SON LOS RESTOS DE PAPEL. AUNQUE UNA PIEZA AISLADA PUEDE NO PARECER ESPECIALMENTE INTERESANTE, CUANDO EMPIECES A MONTAR UNA COLECCIÓN ES POSIBLE QUE TE RESULTE TREMENDAMENTE SATISFACTORIO OBSERVARLA Y ORDENARLA CON DIFERENTES CONFIGURACIONES.

* NOTA: EL CARTÓN ENCONTRADO PROPORCIONA INNUMERABLES POSIBILIDADES PARA LA PRODUCCIÓN CREATIVA. TEN SIEMPRE A MANO UN POCO DE CARTÓN PARA TUS PROYECTOS ESPONTÁNEOS.

* PEGA AQUÍ UN SOBRE PARA COLECCIONAR PAPEL.

DA COSA NASCE COSA.
(UNA COSA LLEVA A LA OTRA.)
— BRUNO MUNARI

FECHA DE DEVOLUCIÓN

EXPLORACIÓN EN LA BIBLIOTECA

ELIGE UN OBJETO O UN TEMA.

EN LA PÁGINA 23 ENCONTRARÁS IDEAS
(COSAS PARA DOCUMENTAR O RECOPILAR)

VE A UNA BIBLIOTECA.

REALIZA UNA INVESTIGACIÓN

SOBRE EL OBJETO ELEGIDO.

UTILIZA EL REGISTRO DE OBJETOS.
RECOPILA TANTOS MATERIALES DISTINTOS
COMO PUEDAS PARA EXHIBIRLOS MÁS TARDE:
BOCETOS, DATOS HISTÓRICOS, NOTAS, DIBUJOS
Y FOTOS. PRESENTA TUS HALLAZGOS
A MODO DE EXHIBICIÓN.

ALTERNATIVA: ESCRIBE POEMAS
BASADOS EN TÍTULOS DE LIBROS.

(BASADA EN UNA OBRA DE NINA
KATCHADOURIAN)

DE LO QUE SE TRATA ES DE INDAGAR EN EL LADRILLO, EL HORMIGÓN, EL CRISTAL, NUESTROS MODALES EN LA MESA, NUESTROS UTENSILIOS, NUESTRAS HERRAMIENTAS, NUESTROS HORARIOS, NUESTROS RITMOS. <u>INTERROGAR LO QUE PARA SIEMPRE PARECE HABER CESADO DE SORPRENDERNOS</u>. CLARO QUE VIVIMOS, CLARO QUE RESPIRAMOS. CAMINAMOS, ABRIMOS PUERTAS, BAJAMOS ESCALERAS, NOS SENTAMOS A UNA MESA PARA COMER, NOS ACOSTAMOS EN UNA CAMA PARA DORMIR. ¿CÓMO? ¿POR QUÉ? ¿DÓNDE? ¿CUÁNDO? ¿POR QUÉ? - GEORGES PEREC

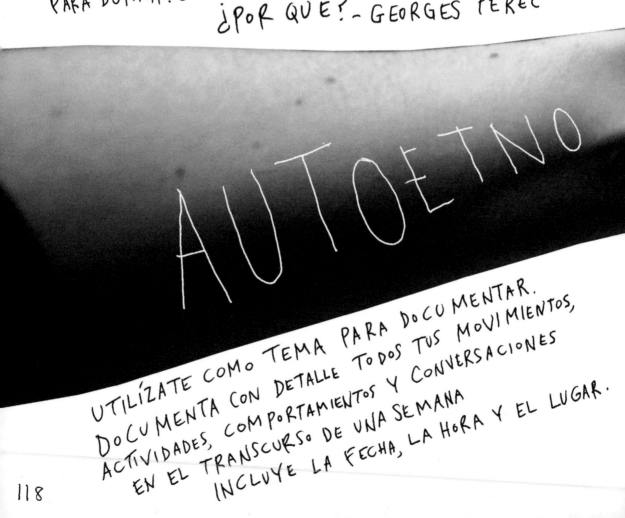

AUTOETNO

UTILÍZATE COMO TEMA PARA DOCUMENTAR. DOCUMENTA CON DETALLE TODOS TUS MOVIMIENTOS, ACTIVIDADES, COMPORTAMIENTOS Y CONVERSACIONES EN EL TRANSCURSO DE UNA SEMANA INCLUYE LA FECHA, LA HORA Y EL LUGAR.

ETNOGRAFÍA : F. DOCUMENTACIÓN Y ANÁLISIS DE UNA CULTURA DETERMINADA MEDIANTE LA INVESTIGACIÓN DE CAMPO.

AUTOETNOGRAFÍA: F. DOCUMENTACIÓN Y ANÁLISIS DE UNO MISMO COMO SI DE UNA CULTURA EXTRANJERA SE TRATASE, MEDIANTE LA INVESTIGACIÓN DE CAMPO.

GRAFÍA

ALTERNATIVA: ELIGE UN ASPECTO ESPECÍFICO DE TU EXISTENCIA Y DOCUMÉNTALO (POR EJEMPLO, CALCULA CUÁNTOS PASOS DAS CADA DÍA).

120

ESTAMPADOS ENCONTRADOS

RECOPILA O DOCUMENTA TANTOS ESTAMPADOS COMO PUEDAS DURANTE TUS DESPLAZAMIENTOS. PUEDES OPTAR POR UTILIZAR ÚNICAMENTE ESTAMPADOS NATURALES, O ARTIFICIALES, O AMBOS. LOS MOTIVOS OBTENIDOS FROTANDO CON UN LÁPIZ FUNCIONAN BIEN PARA ESTE EXPERIMENTO.

TAL VEZ NO HAYA HABIDO HOMBRE ALGUNO AL QUE LE AGRADARAN TANTAS COSAS Y LE DESAGRADASEN TAN POCAS COMO A WALT WHITMAN. TODOS LOS OBJETOS NATURALES POSEÍAN PARA ÉL ALGÚN ENCANTO. TODO CUANTO VEÍA Y ESCUCHABA LE COMPLACÍA.

—DOCTOR WILLIAM JAMES, LAS VARIEDADES DE LA EXPERIENCIA RELIGIOSA

122

LAS FORMAS DE MANCHAS Y BORRONES

COPIA LAS MANCHAS O BORRONES QUE VEAS. ANOTA DÓNDE LOS HAS VISTO. UTILIZA DIFERENTES COLORES. PRUEBA A RECORTAR LAS FORMAS EN PAPEL Y A CREAR UN COLLAGE CON ELLAS.

FUENTE: INGRID CALAME

¿ QUIÉN DIJO QUE EL PLACER ES INÚTIL? —CHARLES EAMES

EXPLORACIÓN CON UN VISOR

PREPARA UN VISOR COMO EL DE ESTA PÁGINA,
SAL A LA CALLE Y CREA UNA PÁGINA
DE BOCETOS RÁPIDOS QUE DOCUMENTEN
DIFERENTES COMPOSICIONES. ELIGE
COMPOSICIONES DE LAS QUE NO SE SEPA
CUÁL ES EL TEMA.
ALTERNATIVA: REALIZA ESTE EJERCICIO CON
UNA CÁMARA.

RECORTA

INSTRUCCIONES

1. CALCA EL VISOR EN CARTULINA.
2. RECÓRTALO.

ALTERNATIVA:

1. RECORTA SOLO EL CUADRADO DEL CENTRO.
2. LLÉVATE EL LIBRO CUANDO SALGAS DE EXCURSIÓN.

125

EL OTRO DÍA LEÍ EN EL PERIÓDICO QUE LOS CIENTÍFICOS HAN DESCUBIERTO EL SIGNIFICADO DE LA VIDA.*

¿Y CUÁL ES?

NO ME ACUERDO.

126 * CONVERSACIÓN TOMADA DE CUNA DE GATO, DE KURT VONNEGUT.

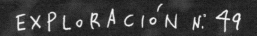

EXPLORACIÓN Nº 49

PALABRAS ENCONTRADAS

UTILIZA EL REGISTRO DE EXPERIENCIAS PARA DOCUMENTAR UNA CONVERSACIÓN AJENA. ALTERNATIVA: RECOPILA PALABRAS QUE TE RESULTEN INTERESANTES.

DURANTE SU ESTANCIA EN LONDRES, EN 1874, EL POETA FRANCÉS RIMBAUD RECOPILÓ LISTAS DE PALABRAS EN INGLÉS. EN SUS PÁGINAS COLECCIONÓ CADENAS DE PALABRAS, EN ALGUNOS CASOS CON GUIONES. PARA "PALOMAS", POR EJEMPLO, APUNTA "SALTIMBANQUI MENSAJERA-TRABAJADORA - COLA DE ABANICO — OJOS DE PERLA...". LA LISTA CONTINÚA Y SE CONVIERTE EN UNA ESPIRAL VERTIGINOSA DE SONIDOS. — BRIONY FER

127

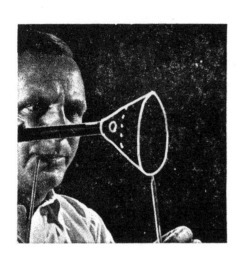

EL SUJETO MUESTRA UN
"LOCALIZADOR DE OLORES".

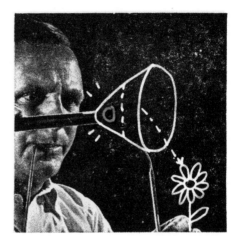

CUANDO SE DETECTA UN OLOR,
SE ACTIVA UNA SEÑAL QUE
PERMITE LOCALIZAR LA
FUENTE.

OLORES ENCONTRADOS

SAL A PASEAR. REDACTA UNA LISTA DE TODOS LOS OLORES QUE PERCIBAS EN TU BARRIO. QUE SEA LO MÁS DETALLADA POSIBLE. INTENTA IDENTIFICAR LAS FUENTES.

PASIONES
PENSAMIENTOS
PESARES
PREFERENCIAS
PREGUNTAS
RECUERDOS
REGALOS
RELACIONES
ROPA
ROSTRO:
SINCRONICIDAD
SUEÑOS
TEMORES
TRABAJO
VACACIONES
VIDA SOCIAL

HUMOR
IDIOSINCRASIAS
INFANCIA
INSEGURIDADES
JUGUETES
LECCIONES
LIBROS
MALENTENDIDOS
MANÍAS
MUEBLES
NATURALEZA
NEUROSIS
OBSERVACIONES
OTOÑO
PASEOS

DECISIONES
DESASTRES
DESAYUNO
DESLICES
DISFUNCIÓN
EJERCICIO
ENFERMEDAD
ERRORES
ESPIRITUALIDAD
ESTADOS
EXCENTRICIDADES
ÉXITOS
FAMILIA
FAVORITOS
FRUSTRACIONES
GRATITUD

ADICCIONES
AFICIONES
ALIMENTOS
AMORES
ANIMALES
ANTIPATÍAS
AVENTURAS
AVERSIONES
BARRIO
CASA
CLIMA
COINCIDENCIAS
COLEGIO
COMIDA
COTIDIANO.
CUERPO

VIDA NO LINEAL

DOCUMENTA TUS ACTIVIDADES DE
UN DÍA / UNA SEMANA / UN MES / UN AÑO
A MODO DE ENCICLOPEDIA.
ALTERNATIVA: CREA ICONOS PARA TUS
ACTIVIDADES. DOCUMÉNTALAS EN UN
GRÁFICO. PRUEBA A CAMBIAR EL ORDEN
DE LAS COSAS.

LA OBSERVACIÓN ATENTA DE UN ÚNICO
SUJETO, YA SEA TAN DIMINUTO COMO
LOS MICROBIOS DE PASTEUR O TAN GRANDE
COMO EL UNIVERSO DE EINSTEIN, ES
EL TIPO DE TRABAJO QUE SE REALIZA
CADA VEZ MENOS EN NUESTROS DÍAS.
PEGADOS A LAS PANTALLAS DEL
ORDENADOR Y DEL TELEVISOR, HEMOS
OLVIDADO CÓMO OBSERVAR EL MUNDO
NATURAL. EL PROFESOR ORIGINAL DE
CÓMO SER CURIOSOS CON LOS DETALLES.

— JENNIFER NEW

ECOSISTEMA EN MINIATURA

RECOGE AGUA DE TRES LUGARES DISTINTOS: UN LAGO, UN ESTANQUE, UN RIACHUELO, UN CHARCO, ETC. MEZCLA LAS MUESTRAS EN UN TARRO CON TAPA HERMÉTICA. PON EL TARRO EN UN LUGAR SOLEADO Y OBSERVA CÓMO SE DESARROLLA EL ECOSISTEMA. EN POCO TIEMPO, ESE MUNDO EN MINIATURA EMPEZARÁ A ORGANIZARSE POR SÍ SOLO Y ARROJARÁ RESULTADOS INTERESANTES. TOMA NOTAS ACERCA DE LOS CAMBIOS DIARIOS.

EXPERIMENTA CON DIFERENTES FUENTES DE AGUA PARA VER CÓMO VARÍAN LOS RESULTADOS. CADA ECOSISTEMA ES ÚNICO.

FUENTE: GAIA'S GARDEN, DE TOBY HEMENWAY

PALILLO CHINO →

136

PALO →

CORDEL →

RAMA DE PINO →

CLAVO OXIDADO →

UTENSILIOS DE ESCRITURA ENCONTRADOS

EXPERIMENTA CON TODO TIPO DE UTENSILIOS DE ESCRITURA. PUEDES UTILIZAR PINTURA ENCONTRADA, TINTA O PINTURA NORMAL.

EN OCASIONES,
UN ÁRBOL NOS
DICE MÁS DE LO
QUE PODEMOS
LEER EN UN
LIBRO —CARL JUNG

EXPLORACIÓN N.º 54

EL LENGUAJE DE LOS ÁRBOLES

RECOPILA TANTAS PARTES DE ÁRBOLES COMO PUEDAS. UTILIZA PIEZAS QUE SE HAYAN CAÍDO DE FORMA NATURAL, NO CAUSES DAÑOS A NINGÚN ÁRBOL. ORDENA TU COLECCIÓN. JUEGA CON ELLA. CUÉLGALA. ESTUDIA LAS FORMAS. HAZ DIBUJOS. CUELGA COSAS DE RAMAS. ¡CELEBRA LOS ÁRBOLES!

EXPLORACIÓN Nº 55

LA VIDA ES UN DICCIONARIO. — RALPH WALDO EMERSON

MANERAS DE TRANSFORMAR UNA EXPERIENCIA COTIDIANA

AÑADE MÚSICA
(CON AURICULARES).
EL ESTILO LO ELIGES
TÚ.

MÍRALO TODO COMO SI FUESE UNA PELÍCULA. TÚ ERES EL DIRECTOR. TODO ES UNA POSIBLE FUENTE.

RECURRE A LA IMAGINACIÓN (FINGE QUE ESTÁS EN UNA MISIÓN SECRETA, MÉTETE EN EL PERSONAJE, PERCIBE LOS OBJETOS INANIMADOS COMO REALES).

HAZ UNA PELÍCULA CON TUS OJOS

FINGE QUE ERES OTRA PERSONA. "¿QUÉ HARÍA _____?"

INTENTA VER LAS COSAS DESDE TANTOS ÁNGULOS COMO PUEDAS.

CAMBIA TU RUTINA HABITUAL. TOMA UN CAMINO DISTINTO.

PONTE UN DISFRAZ.

QUÉ RECOPILAR	DÓNDE EXPLORAR	MÉTODO DE INVESTIGACIÓN	MÉTODO DE DOCUMENTACIÓN

CÓMO INCORPORAR LA INDETERMINACIÓN

DEJA QUE ALGO (O ALGUIEN) DECIDA QUÉ DIRECCIÓN DEBES TOMAR, O QUÉ O CÓMO EXPLORAR.

JUEGO DEL EXPLORADOR

NECESITAS: TIJERAS, UN RECIPIENTE (CUENCO O BOLSILLO).

INSTRUCCIONES

1. UTILIZA LA CUADRÍCULA DE LA PÁGINA ANTERIOR PARA ANOTAR TODAS LAS VARIABLES QUE QUIERAS EN CADA CATEGORÍA.

2. RECORTA LOS CUADRADOS, MANTÉN LAS CATEGORÍAS SEPARADAS.

3. COLOCA LOS CUADRADOS EN UN RECIPIENTE.

4. SIN MIRAR, MÉZCLALOS Y TOMA UNO DE CADA CATEGORÍA.

5. EXPLORA SEGÚN LAS VARIABLES QUE TE HAYAN SALIDO.

¿Y SI MI CASA FUESE UN PARQUE? ¿O UN LIENZO EN BLANCO? ¿Y SI TUVIESE PODERES SECRETOS?

EXPERIMENTOS MENTALES

EINSTEIN UTILIZÓ "EXPERIMENTOS MENTALES" (PREGUNTAS QUE SOLO SE PUEDEN RESOLVER UTILIZANDO LA IMAGINACIÓN) CON FRECUENCIA. DE HECHO, LA TEORÍA DE LA RELATIVIDAD LA FORMULÓ PREGUNTÁNDOSE: "¿CÓMO SERÍA VIAJAR EN UN HAZ DE LUZ?". RESULTA INTERESANTE REALIZAR EXPERIMENTOS MENTALES DE ESTE TIPO EN EL DÍA A DÍA.

¿Y SI TODOS MIS VECINOS TUVIESEN VIDAS SECRETAS?

144

UNIFORME DE EXPLORADOR SECRETO *

* CON BOLSILLOS INTERIORES PARA TRANSPORTAR LOS HALLAZGOS

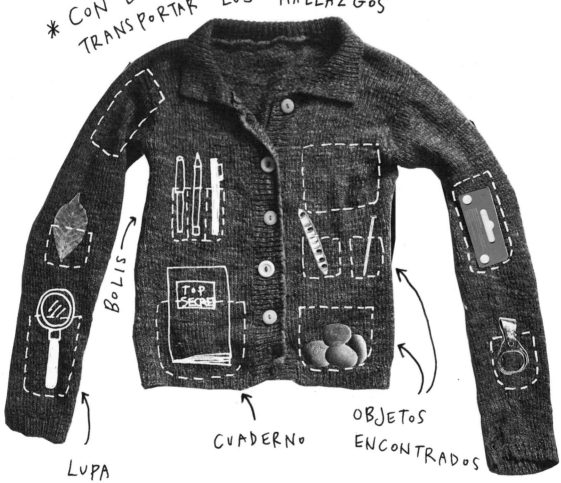

LUPA

BOLIS

CUADERNO

OBJETOS ENCONTRADOS

SOY LO QUE ME RODEA. —WALLACE STEVENS

YINCANA

REDACTA UNA LISTA DE COSAS QUE ENCONTRAR EN UN DÍA. ESTA YINCANA ES MÁS DIVERTIDA SI LA HACES CON UN AMIGO O EN GRUPO Y DESPUÉS COMPARÁIS VUESTROS HALLAZGOS. ALGUNAS IDEAS.

- UN SOBRE USADO (YA ENVIADO).
- UNA PIEZA DE UN ROMPECABEZAS.
- ALGO QUE ESTABA CRECIENDO.
- UNA HISTORIA ESCUCHADA.
- UNA HUELLA.
- UN LIBRITO DE CERILLAS.
- ALGO QUE ES O ERA IMPORTANTE PARA ALGUIEN.
- UN OLOR.
- ALGO AZUL.

LA IMPORTANCIA DE PERDERSE

CUANTO MÁS SE ACERCA EL HOMBRE A LO DESCONOCIDO, MÁS INGENIOSO SE VUELVE Y MÁS RÁPIDAMENTE ADOPTA NUEVAS VÍAS.
— BUCKMINSTER FULLER

ENTRAR EN LO DESCONOCIDO (PARTICIPAR EN UN EXPERIMENTO) IMPLICA LA VOLUNTAD DE EXPERIMENTAR PLENAMENTE Y ESTUDIAR COSAS QUE NO ENTENDEMOS, ASÍ COMO ACEPTAR ESE DESCONOCIMIENTO.

EXISTEN DIFERENTES MANERAS DE "PERDERSE": ESTÁ LA PÉRDIDA LITERAL, COMO CUANDO UNO SE PIERDE EN EL BOSQUE PORQUE NO ENCUENTRA EL CAMINO DE REGRESO AL PUNTO DE PARTIDA. Y ESTÁN LOS EJEMPLOS METAFÓRICOS: PERDERSE EN LOS PENSAMIENTOS, UN ALMA PERDIDA, PERDIDO EN EL TIEMPO... EN EL CONTEXTO DE LA EXPLORACIÓN, PODEMOS CONSIDERARLO "UN ESTADO EN EL QUE UNO NO SABE EXACTAMENTE HACIA DÓNDE SE DIRIGE". EN ESTE SENTIDO, PODEMOS OPTAR POR PERDERNOS LITERALMENTE, EXPLORANDO UN LUGAR EN EL QUE NUNCA HEMOS ESTADO, O PERDERNOS METAFÓRICAMENTE ESTABLECIENDO UNA RELACIÓN CON OBJETOS E IDEAS SIN SABER CUÁL SERÁ EL RESULTADO.

CÓMO DEAMBULAR SIN RUMBO

1. ELIGE UN DÍA Y UNA HORA.

2. PREPARA UNA BOLSA.  →

3. SAL A LA CALLE Y
   TOMA CUALQUIER DIRECCIÓN.
   DÉJATE LLEVAR POR EL INSTINTO.

4. HAZ LO CONTRARIO DE LO QUE
   CREES QUE DEBERÍAS HACER.

5. SI EMPIEZAS A PENSAR QUE ESTÁS
   PERDIENDO EL TIEMPO, VAS BIEN.

6. CONTINÚA, PRESTA ATENCIÓN
   A LOS DETALLES. PIERDE TODA
   NOCIÓN DEL TIEMPO Y EL LUGAR.

150

TRABAJO DE CAMPO

PÁGINAS PARA REGISTRAR TUS OBSERVACIONES, DOCUMENTACIÓN E INVESTIGACIONES.

152

REGISTRO DE OBJETOS

Objeto:

Dimensiones:

Material:

Fecha de entrada:

Lugar del hallazgo:

Descripción visual/bocetos:

Categorías potenciales:

Notas adicionales:

Iniciales del investigador de campo:

154

REGISTRO DE EXPERIENCIAS

Fecha:

Hora:

Lugar:

Tema/acontecimiento:

Descripción visual/bocetos, colores,
texturas, olores, formas, materiales:

Notas adicionales:

Iniciales del investigador de campo:

156

REGISTRO DE OBJETOS

Objeto:

Dimensiones:

Material:

Fecha de entrada:

Lugar del hallazgo:

Descripción visual/bocetos:

Categorías potenciales:

Notas adicionales:

Iniciales del investigador de campo:

158

REGISTRO DE OBJETOS

Fecha:

Hora:

Lugar:

Tema/acontecimiento:

Descripción visual/bocetos, colores,
texturas, olores, formas, materiales:

Notas adicionales:

Iniciales del investigador de campo:

160

REGISTRO DE OBJETOS

Objeto:

Dimensiones:

Material:

Fecha de entrada:

Lugar del hallazgo:

Descripción visual/bocetos:

Categorías potenciales:

Notas adicionales:

Iniciales del investigador de campo:

162

REGISTRO DE EXPERIENCIAS

Fecha:

Hora:

Lugar:

Tema/acontecimiento:

Descripción visual/bocetos, colores,
texturas, olores, formas, materiales:

Notas adicionales:

Iniciales del investigador de campo:

163

NOTAS DE INVESTIGACIÓN
(UNE LOS PUNTOS)

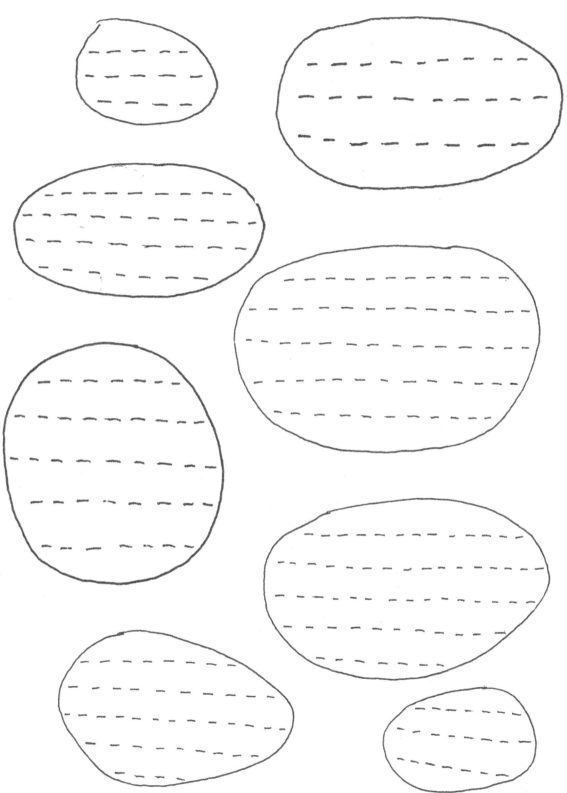

165

166

PREPARA UN BOLSILLO DE ALMACENAMIENTO

1. RECORTA LA RANURA.

2. PEGA ESTA PÁGINA A LA SIGUIENTE POR TRES LADOS.

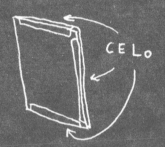

CELO

3. GUARDA OBJETOS PLANOS.

RECORTAR

169

ESPACIO PARA PEGAR COSAS QUE ENCUENTRES.

170

171

RECOGIDA DE EXPERIENCIAS

FECHA	DESCRIPCIÓN	LUGAR

RECOGIDA DE EXPERIENCIAS

FECHA	DESCRIPCIÓN	LUGAR

174

CONVERSACIONES ESCUCHADAS

NOTAS DE INVESTIGACIÓN
(UNE LOS PUNTOS)

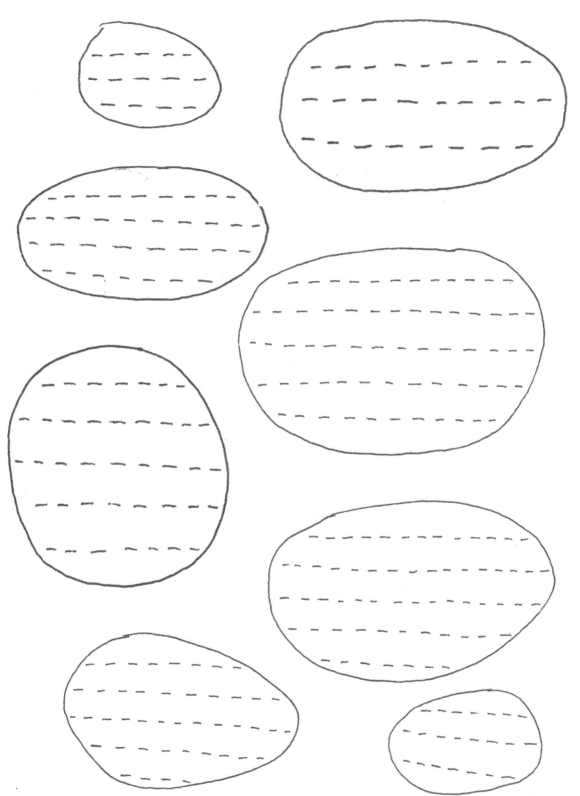

177

PÁGINAS PARA LISTAS

COLORES	OLORES	SONIDOS
_____	_____	_____
_____	_____	_____
_____	_____	_____
_____	_____	_____
_____	_____	_____
_____	_____	_____
_____	_____	_____
_____	_____	_____
_____	_____	_____
_____	_____	_____
_____	_____	_____
_____	_____	_____

SABORES   TEXTURAS

_____   _____

_____   _____

_____   _____

_____   _____

_____   _____

_____   _____

_____   _____

_____   _____

_____   _____

_____   _____

_____   _____

_____   _____

_____   _____

_____   _____

RECOGIDA DE EXPERIENCIAS

FECHA	DESCRIPCIÓN	LUGAR

180

RECOGIDA DE EXPERIENCIAS

FECHA	DESCRIPCIÓN	LUGAR

182

ETIQUETAS PARA OBJETOS
(PARA DOCUMENTAR TUS COLECCIONES, PISTAS Y PRUEBAS). SUJÉTALAS CON CUERDA.

O OBJETO:
FECHA:
LUGAR:
DESCRIPCIÓN:

OBJETO:
FECHA:
O LUGAR:
DESCRIPCIÓN:

OBJETO:
FECHA:
O LUGAR:
DESCRIPCIÓN:

OBJETO:
FECHA:
O LUGAR:
DESCRIPCIÓN:

OBJETO:
FECHA:
O LUGAR:
DESCRIPCIÓN:

OBJETO:
FECHA:
O LUGAR:
DESCRIPCIÓN:

OBJETO:
FECHA:
O LUGAR:
DESCRIPCIÓN:

OBJETO:
FECHA:
O LUGAR:
DESCRIPCIÓN:

OBJETO:
FECHA:
O LUGAR:
DESCRIPCIÓN:

OBJETO:
FECHA:
O LUGAR:
DESCRIPCIÓN:

183

184

NOTAS DE INVESTIGACIÓN
(UNE LOS PUNTOS)

PÁGINAS PARA LISTAS

COLORES   OLORES   SONIDOS

COLORES	OLORES	SONIDOS
_____	_____	_____
_____	_____	_____
_____	_____	_____
_____	_____	_____
_____	_____	_____
_____	_____	_____
_____	_____	_____
_____	_____	_____
_____	_____	_____
_____	_____	_____
_____	_____	_____
_____	_____	_____
_____	_____	_____
_____	_____	_____

SABORES   TEXTURAS

_____   _____

_____   _____

_____   _____

_____   _____

_____   _____

_____   _____

_____   _____

_____   _____

_____   _____

_____   _____

_____   _____

_____   _____

_____   _____

_____   _____

RECOGIDA DE EXPERIENCIAS

FECHA	DESCRIPCIÓN	LUGAR

RECOGIDA DE EXPERIENCIAS

FECHA	DESCRIPCIÓN	LUGAR

189

190

191

PREPARA TU PROPIO MUSEO

BUSCA UN ESPACIO

UNA EXPOSICIÓN O UN MUSEO NO TIENEN POR QUÉ ESTAR EN UNA GALERÍA.
UNA DE LAS EXPOSICIONES MÁS INGENIOSAS A LAS QUE HE ASISTIDO EN MI VIDA LA ORGANIZÓ UNA MUJER EN LA PARTE TRASERA DE UNA CAMIONETA VIEJA EN ÁMSTERDAM. LA IBA CAMBIANDO DE UBICACIÓN Y COBRABA UNA PEQUEÑA CANTIDAD COMO AYUDA PARA PAGAR LA GASOLINA. ME ENCANTÓ LA IDEA DE QUE UNA GALERÍA PUEDA ESTAR EN CUALQUIER PARTE.

NO HAY REGLAS: EN UNA ACERA, EN TU JARDÍN, EN UN ÁRBOL, EN TU GARAJE, EN ESTE LIBRO, EN UNA MALETA, EN EL MALETERO DE TU COCHE... LO ÚNICO QUE NECESITAS ES UN CARTEL PARA ANUNCIAR LO QUE HACES, UNAS ETIQUETAS Y ALGÚN TIPO DE INVITACIÓN.

MÉTODOS DE EXHIBICIÓN

INGÉNIATELAS PARA EXHIBIR TU COLECCIÓN DE DIFERENTES MANERAS.

ALGUNAS IDEAS:

COLGAR COSAS DEL TECHO (O DE RAMAS DE ÁRBOLES), EN CAPAS, COSAS FLOTANDO EN AGUA, CREAR PATRONES INTERESANTES EN EL SUELO, ESCONDER LOS OBJETOS Y PREPARAR UN MAPA PARA ENCONTRARLOS; UTILIZAR ESPACIOS PÚBLICOS, VALLAS, PRENDAS DE ROPA, ESPACIOS PORTÁTILES, ETCÉTERA.

LAS ETIQUETAS RESULTAN ÚTILES.

```
TÍTULO:
MATERIAL:
FECHA:
DESCRIPCIÓN:
```

ALGO
ASÍ

← RELLENA LOS
APARTADOS

OTRA OPCIÓN CONSISTE EN UTILIZAR UN SISTEMA DE CODIFICACIÓN (PUNTOS DE COLORES O ALGÚN TIPO DE GRÁFICO) PARA QUE LOS ESPECTADORES TENGAN QUE BUSCAR EL TÍTULO Y LA EXPLICACIÓN DEL OBJETO (SITUADO CERCA) POR SÍ MISMOS. ESTE MÉTODO IMPLICA A LOS ESPECTADORES EN EL PROCESO Y LA EXPERIENCIA DE LA EXPLORACIÓN.

ENVÍA INVITACIONES

CREA UN CARTEL O INVITACIONES QUE REFLEJEN DE ALGÚN MODO LA NATURALEZA O EL CONTENIDO DE LA EXPOSICIÓN. IDEAS: SI LOS OBJETOS SON PEQUEÑOS, HAZ LAS INVITACIONES DIMINUTAS. TAMBIÉN PUEDES ESCRIBIR LAS INVITACIONES EN OBJETOS; POR EJEMPLO, EN HOJAS O EN PAPELES ENCONTRADOS.

IDEAS PARA AÑADIR INTERÉS A TU EXPOSICIÓN

○ PRUEBA A SITUAR TU EXPOSICIÓN EN UN LUGAR SECRETO, CON ALGÚN TIPO DE ROMPECABEZAS QUE LOS ESPECTADORES TENDRÁN QUE RESOLVER.

○ ENTREGA "BOLSAS MISTERIOSAS" (BOLSAS DE PAPEL CON UN OBJETO ENCONTRADO EN SU INTERIOR). OFRECE COMIDA Y BEBIDA.

○ SI TU EXPOSICIÓN ES TÁCTIL, PUEDES DISTRIBUIR PAÑUELOS PARA TAPAR LOS OJOS.

○ PIENSA EN DIFERENTES MANERAS DE VER LA EXPOSICIÓN (POR EJEMPLO, DESDE PUNTOS ELEVADOS Y BAJOS).

○ ¿QUÉ TE PARECE UN MUSEO ENVIADO POR CORREO?

○ CREA UNA OBRA INTERACTIVA, COMO UNA YINCANA PARA BUSCAR OBJETOS.

GLOSARIO

AMATEUR
1784: "AFICIONADO", DEL FRANCÉS AMATEUR, "INTERESADO POR", DEL LATÍN
AMATOREM (NOM. AMATOR), "QUE AMA", DE AMATUS, PP. DE AMARE,
"AMAR".   FUENTE: WIKIPEDIA.

✳ NOTA DE LA AUTORA: LAS ACTIVIDADES DE ESTE LIBRO IMPLICAN VER
EL MUNDO DESDE LA PERSPECTIVA DE UN AMATEUR, DEL QUE HACE
ALGO SIMPLEMENTE PORQUE LE GUSTA, SIN ESPERAR RESULTADOS.

ARTE
UN SIGNIFICADO DE LA PALABRA "ARTE" SE ACERCA AL SIGNIFICADO
EN LATÍN, A GRANDES RASGOS, "CAPACIDAD" O "HABILIDAD", Y TAMBIÉN
PROCEDE DE UNA RAÍZ INDOEUROPEA QUE SIGNIFICA "ARREGLO" O "ARREGLAR".
EN ESTE SENTIDO, ARTE ES TODO AQUELLO QUE HA PASADO POR UN
PROCESO DELIBERADO DE ARREGLO POR PARTE DE UN AGENTE.
FUENTE: WIKIPEDIA

CIENCIA
ACTIVIDAD INTELECTUAL Y PRÁCTICA QUE ABARCA EL ESTUDIO
SISTEMÁTICO DE LA ESTRUCTURA Y LA CONDUCTA DEL MUNDO FÍSICO
Y NATURAL A TRAVÉS DE LA OBSERVACIÓN Y LA EXPERIMENTACIÓN.
FUENTE: OXFORD AMERICAN DICTIONARY.

COTIDIANO
ORDINARIO, DIARIO.   FUENTE: REAL ACADEMIA ESPAÑOLA.

ESTUDIO DE CAMPO
PRÁCTICA QUE CONSISTE EN LLEVAR A CABO UNA INVESTIGACIÓN
EN EL ENTORNO O EL HÁBITAT NATURAL.

ETNOGRAFÍA
DOCUMENTACIÓN Y ANÁLISIS DE LA VIDA COTIDIANA Y LA PRÁCTICA
DE UNA CULTURA DETERMINADA MEDIANTE LA INVESTIGACIÓN DE CAMPO.

INDETERMINADO
ALGO QUE NO SE SABE CON EXACTITUD, O SIN UN RESULTADO PREVISIBLE.

LIMPIEZA DE OÍDOS

PROGRAMA SISTEMÁTICO PARA ENTRENAR LOS OÍDOS A FIN DE QUE DISTINGAN MEJOR LOS SONIDOS, EN ESPECIAL LOS DEL ENTORNO. FUENTE: EL PAISAJE SONORO, DE R. MURRAY SCHAFER.

OBJETO ENCONTRADO

OBJETO QUE YA EXISTÍA (NO HA SIDO CREADO) Y QUE ORIGINALMENTE TENÍA UNA FINALIDAD DISTINTA. PUEDE SER UN OBJETO PRODUCIDO EN MASA O HALLADO EN LA NATURALEZA. ESTOS OBJETOS SE ENCUENTRAN EN EL DÍA A DÍA Y SE SITÚAN EN UN NUEVO CONTEXTO CON FINES ARTÍSTICOS.

READY-MADE

EL TÉRMINO "READY-MADE" FUE UTILIZADO POR EL ARTISTA FRANCÉS MARCEL DUCHAMP EN 1915 PARA REFERIRSE A OBJETOS FABRICADOS (PRODUCIDOS EN MASA) UTILIZADOS EN EL CONTEXTO DEL ARTE (EN CONTRAPOSICIÓN CON SU OBJETIVO ORIGINAL). DUCHAMP UTILIZÓ CON FRECUENCIA OBJETOS ENCONTRADOS PARA SU TRABAJO. AQUELLAS OBRAS INICIARON UN DIÁLOGO ACERCA DE LA NATURALEZA DEL ARTE Y QUIÉN DETERMINA QUÉ ES ARTE. FUENTE: GLOSARIO DE THE TATE COLLECTION, FRAGMENTO DEL NÚMERO DE 1917 DE LA REVISTA DE VANGUARDIA THE BLIND MAN.

REBUSCA

EN EL SENTIDO TRADICIONAL, LA REBUSCA ERA LA ACTIVIDAD REALIZADA POR LOS CAMPESINOS QUE RECOGÍAN LO QUE QUEDABA EN LOS CAMPOS DESPUÉS DE LA COSECHA. EN EL SENTIDO CONTEMPORÁNEO, SE REFIERE A LA PRÁCTICA DE RECORRER EL BARRIO EN BUSCA DE LO QUE OTROS HAN TIRADO. COMIDA, OBJETOS, ARTÍCULOS DEL HOGAR O MATERIALES RECICLADOS.

TURISMO COTIDIANO

VER EL MUNDO CON OJOS NUEVOS CADA DÍA.

BIBLIOGRAFÍA

ABRAM, D., THE SPELL OF THE SENSUOUS: PERCEPTION AND LANGUAGE IN A MORE-THAN-HUMAN WORLD. NUEVA YORK, PANTHEON BOOKS: 1996 (TRAD. CAST.: LA MAGIA DE LOS SENTIDOS, BARCELONA, KAIRÓS, 2000).

BACHELARD, G. Y M. JOLAS, THE POETICS OF SPACE, BOSTON, BEACON PRESS, 1994 (TRAD. CAST.: LA POÉTICA DEL ESPACIO, MADRID, FONDO DE CULTURA ECONÓMICA DE ESPAÑA, 2000).

BUCHANAN-SMITH, P. G., SPECK: A CURIOUS COLLECTION OF UNCOMMON THINGS. NUEVA YORK, PRINCETON ARCHITECTURAL PRESS: 2001.

CALVINO, I., IF ON A WINTER'S NIGHT A TRAVELLER, NUEVA YORK, HARCOURT BRACE JOVANOVICH, 1981 (TRAD. CAST. SI UNA NOCHE DE INVIERNO UN VIAJERO, MADRID, SIRUELA, 2013).

CLASSEN, C., WORLDS OF SENSE: EXPLORING THE SENSES IN HISTORY AND ACROSS CULTURES. LONDRES, ROUTLEDGE: 1993.

DOLPHIN, L., (COMP), EVIDENCE: THE ART OF CANDY JERNIGAN. SAN FRANCISCO, CHRONICLE BOOKS: 1999.

FELD, S., SOUND AND SENTIMENT: BIRDS, WEEPING, POETICS, AND SONG IN KALULI EXPRESSION. FILADELFIA, UNIVERSITY OF PENNSYLVANIA PRESS: 1990.

FER, B., THE INFINITE LINE: RE-MAKING ART AFTER MODERNISM. NEW HAVEN, CONN. YALE UNIVERSITY PRESS: 2004.

FLETCHER, A., THE ART OF LOOKING SIDEWAYS. LONDRES, PHAIDON: 2001.

FULLER, R.B., ET AL., I SEEM TO BE A VERB. NUEVA YORK, BANTAM BOOKS: 1970.

GABLIK, S., THE REENCHANTMENT OF ART. NUEVA YORK, THAMES AND HUDSON: 2002.

HANH, THICH NHAT, PEACE IS EVERY STEP: THE PATH OF MINDFULNESS IN EVERYDAY LIFE. NUEVA YORK, BANTAM: 1991 (TRAD. CAST.: LA PAZ ESTÁ EN TU INTERIOR: PRÁCTICAS DIARIAS DE MINDFULNESS, BARCELONA, ONIRO, 2012).

HEMENWAY, T., GAIA'S GARDEN: A GUIDE TO HOME-SCALE PERMACULTURE. WHITE RIVER JUNCTION, VT., CHELSEA GREEN PUB. CO.: 2001.

HESSE, H., WANDERING: NOTES AND SKETCHES. NUEVA YORK, FARRAR, STRAUS & GIROUX: 1972 (TRAD. CAST.: EL CAMINANTE, MADRID, CARO RAGGIO, 2012).

HIGHMORE, B., THE EVERYDAY LIFE READER, LONDRES, ROUTLEDGE: 2002.

JAMES, W., THE VARIETIES OF RELIGIOUS EXPERIENCE. CIRENCESTER, REINO UNIDO, COLLECTOR'S LIBRARY: 2006 (TRAD. CAST.: LAS VARIEDADES DE LA EXPERIENCIA RELIGIOSA, BARCELONA, PENÍNSULA, 2002)

KENT, C., Y J. STEWARD, LEARNING BY HEART: TEACHINGS TO FREE THE CREATIVE SPIRIT. NUEVA YORK, BANTAM: 1992.

KENT, M.C., HARVEY COX Y SAMUEL A. EISENSTEIN, SISTER CORITA. FILADELFIA, PILGRIM PRESS: 1968.

KIRKHAM, P., CHARLES Y RAY EAMES: DESIGNERS OF THE TWENTIETH CENTURY. CAMBRIDGE, MASSACHUSETTS, MIT PRESS: 1995.

KNECHTEL, J., TRASH. CAMBRIDGE, MASSACHUSETTS, MIT PRESS: 2007.

KRAUSSE, J., Y C. LICHTENSTEIN, (COMPS), YOUR PRIVATE SKY: R. BUCKMINSTER FULLER, THE ART OF DESIGN SCIENCE. LARS MÜLLER, BADEN: 1999.

MAU, B., ET AL., MASSIVE CHANGE. LONDRES, PHAIDON: 2009.

MUNARI, B., DESIGN AS ART, HARMONDSWORTH, REINO UNIDO, PENGUIN, 1971.

NEW, J., DRAWING FROM LIFE: THE JOURNAL AS ART. NUEVA YORK, PRINCETON ARCHITECTURAL PRESS: 2005.

OLIVEROS, P., DEEP LISTENING: A COMPOSER'S SOUND PRACTICE. iUNIVERSE, 2005.

PEREC, G., LIFE, A USER'S MANUAL, BOSTON, D.R. GODINE, 1978 (TRAD. CAST.: LA VIDA, INSTRUCCIONES DE USO, BARCELONA, ANAGRAMA, 2014).

PEREC. G.. Y J. STURROCK, SPECIES OF SPACES AND OTHER PIECES., LONDRES, PENGUIN: 1997 (TRAD. CAST.: ESPECIES DE ESPACIOS, BARCELONA, EDICIONES DE INTERVENCIÓN CULTURAL, 2001).

ROBBINS, T., SKINNY LEGS AND ALL. NUEVA YORK, BANTAM: 1990.

SABINI, M. (COMP.), THE EARTH HAS A SOUL: THE NATURE WRITINGS OF C.G. JUNG. BERKELEY, CALIFORNIA, NORTH ATLANTIC BOOKS: 2002.

SCHWARTZ, I., Y E. ANNINK (COMPS.), BRIGHT MINDS, BEAUTIFUL IDEAS: PARALLEL THOUGHTS IN DIFFERENT TIMES: BRUNO MUNARI, CHARLES AND RAE EAMES, MARTÍ GUIXÉ, AND JURGEN BEY. ÁMSTERDAM, BIS PUBLISHERS: 2003.

SHERINGHAM, M., EVERYDAY LIFE: THEORIES AND PRACTICES FROM SURREALISM TO THE PRESENT. OXFORD, OXFORD UNIVERSITY PRESS: 2006.

SNYDER, G., (2007) "WRITERS AND THE WAR AGAINST NATURE," SHAMBHALA SUN 16:40.

SOLNIT, R., A FIELD GUIDE TO GETTING LOST. NUEVA YORK, VIKING: 2005.

TAYLOR, D.A., DOCUMENTING MARITIME FOLKLIFE: AN INTRODUCTORY GUIDE. WASHINGTON, DC, LIBRARY OF CONGRESS: 1992.

ZORN, J. (COMP), ARCANA II: MUSICIANS ON MUSIC. NUEVA YORK, HIPS ROAD: 2007.

TODOS LOS
LIBROS CONTINÚAN
MÁS ALLÁ...

—ITALO CALVINO

ESTE LIBRO ESTÁ DEDICADO A TILDEN SMITH PITCHER, QUE NACIÓ DURANTE SU CREACIÓN. TIENES TANTAS AVENTURAS MARAVILLOSAS POR DELANTE...

GRACIAS A:

JEFFERSON PITCHER (MI COMPAÑERO DE EXPLORACIONES Y DE VIDA); MI AGENTE, FAITH HAMLIN; MI EDITORA, MEG LEDER, Y MI EDITOR, JOHN DUFF (CUYA CONFIANZA EN MÍ ME ANIMA A SEGUIR ADELANTE); TOMIE HAHN, MI EXPERTO EN ETNOGRAFÍA; FLUXUS Y TODOS MIS PROFESORES FAVORITOS QUE ME SITUARON EN EL CAMINO DE LA EXPLORACIÓN: EL DOCTOR BRYANT E. GRIFFITH, ROSS MENDES, LINDA MONTGOMERY, SHIRLEY YANOVER, PAULINE OLIVEROS Y GEORGE WALKER. Y A TODA MI FAMILIA Y AMIGOS DE AQUÍ Y DE ALLÁ.

LA AUTORA DE INCÓGNITO

KERI SMITH ES AUTORA DE VARIOS LIBROS, ENTRE OTROS DESTROZA ESTE DIARIO, UNA INVITACIÓN A EXPLORAR LA "DESTRUCCIÓN CREATIVA." LEE MÁS EN WWW.KERISMITH.COM

NOTA: LAS FOTOS DE LAS PÁGINAS 6, 18, 26, 39, 54, 72, 74, 98, 124, 126, 133, 144, 151, 193, Y 195 FUERON TOMADAS POR JEFFERSON PITCHER EN DIVERSOS LUGARES DE ESPAÑA, MARRUECOS Y TROY (NUEVA YORK). EL RESTO SON DE LA AUTORA.